Будущее

на основе теории веков
Гали Люси

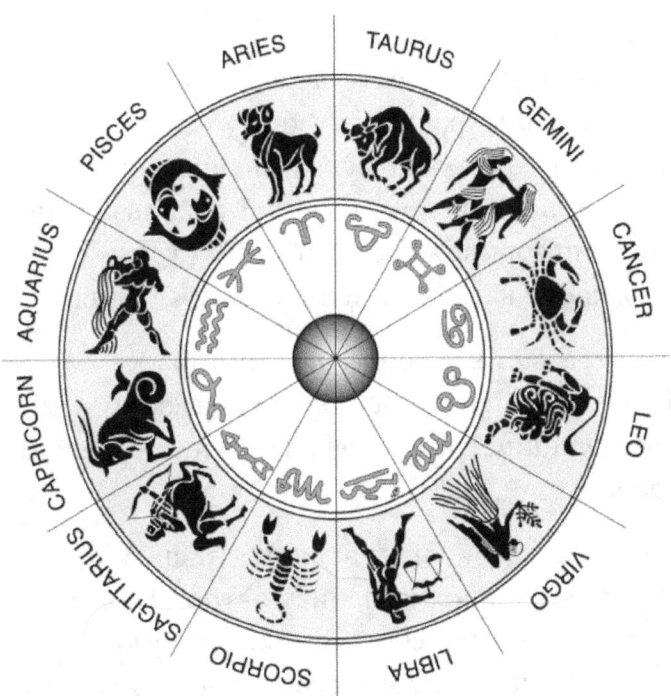

Будущее
на основе теории веков

Гали Люси

Дизайн обложки: Далит Рахамим

Фото и обложка: www.pixabay.com

Все права принадлежат писателю © www.Gali4u.com

Версии: первая 2016, вторая 2021

Перевод на Русский язык: Таня Зельдин

ISBN-13: 978-1960466044

Содержание

Глава 1 - Основные понятия 7

Глава 2 - Даты 12 Эпох 31

Глава 3 - Об Эпохах 39

Эпоха Тельца 40

Эпоха Овна 44

Эпоха Рыб 47

Эпоха Водолея 56

Эпоха Козерога 74

Эпоха Стрельца 77

Эпоха Скорпиона 79

Эпоха Весов 81

Эпоха Девы 83

Эпоха Льва 85

Эпоха Рака 87

Эпоха Близнецов 89

Глава 4 - Таблицы расчета эпохи 91

Сообщение от Создателя / 1

«Дорогие мои,

Когда вы ищете помощи и направления в своей жизни

Чтобы понять, как продолжить свой жизненный путь, пожалуйста, прислушайтесь к своей душе,

Идите к мудрому и скромному человеку,

Кто не ходит во славе

И не находится в молитвенных домах и в роскошных хоромах.

Дорогие мои,
вы найдете такого человека из уст в уста,

Впитайте знания и выберите скромность и тишину.

Слова мудрости небес произносятся тихо, с юмором и улыбкой.

Без угроз и запугивания,

«Не силой, но Духом, Я Господь»

Это сообщение получено в сеансе ясновидения с Создателями

Сообщение от создателя/ 2

"Человек о человеке позаботятся, и будут они как единое целое

И собрал я вас со всех концов Земли

Из праха Я поднял ваши души,

Чтобы увести вас от обреченности и отчаяния,

Из древних знаний - к исправлению Мира.

Невинность и чистота очистят ваши жаждущие души.

Чтобы подготовить вас к будущему, открыть вам

секреты и объединить ваши души в единое целое.

В конце концов, я вымыл ваши лица в

штормующем море, вибрациями и сигналами

Книга эта несет в себе сообщения из поколения в поколение,

содержащее мои слова,

Нет во мне злобы, ярости или наказания, я освещен любовью".

Это сообщение получено в сеансе ясновидения с Создателями

И просил я Бога: «Дай мне все - чтобы радоваться жизни».

И ответил мне Бог: «Я дал тебе жизнь - чтобы наслаждаться всем» / народная мудрость

Глава 1
Основные понятия

Введение

Эта книга была получена в сеансе ясновидения и напечатана прямо на компьютере. Книга содержит данные о датах и эпохах, полученные при помощи математических исследований.

Книга перемещает читателя примерно на 4.000 лет назад и более чем на 20.000 лет вперед во времени, и раскрывает циклический астрологический порядок, соответствующий истории.

Цель книги: довести до сведения, что все, что происходит на планете Земля - не случайно, а происходит в определенном порядке и в соответствии с циклической закономерностью.

Каждый человек выбирает путь своей судьбы еще до своего рождения. Творец не мешает выбору человека, но дает ему судьбу с целью исправления в каждом воплощении = все известно, включая способ исполнения судьбы человеком = власть дана.

Например: когда человек едет по многополосной трассе в заранее заданный пункт назначения = «все известно», но человек может ехать быстро или медленно, перестраиваться на другую полосу, т.о. укорачивать или удлинять путь = «власть дана»:

вы водители, которые едут по жизненному пути, выбранному прежде, чем душа вошла в

человеческое тело в момент рождения, вы достигнете поставленных целей в срок.

Астрологическо-нумерологическая цикличность, описанная в этой книге, также влияет и на человечество планеты Земля.

Чтобы понять таблицы исчисления эпох в главе 4, рождение Иисуса следует рассматривать как отправную точку - вперед и назад во времени. Иисус, Джошуа, был евреем, пришедшим к просветлению в возрасте 10 лет, в начале эпохи Рыб, и был послан Творцом на планету Земля, чтобы открыть новую эпоху, чтобы донести до мира послание: «Будьте добры друг к другу, без религий и поклонения материи»

Иисус пытался упразднить религию в пользу свободной веры, но абсурдно и непреднамеренно создал религию.

Все религии получили огромный размах в Эпоху Рыб, эпоху мужчин, индивидуальной власти, любящей материальные блага и богатство. Эпоха, которая началась с рождения Иисуса: с 0 года и продлится до 2106 года, в то время как Эпоха Водолея наслаивается и корректирует Эпоху Рыб 468 лет, начиная с 1638 года, и продлится она до 4212 года.

Как свойственно переменчивому знаку Рыб, все всегда начинается с доброй воли и желания помочь, а заканчивается силой, экстремизмом, разрушением, опустошением и безумием к концу эпохи, особенно с

2020 по 2025 год, с наступлением эпохи Водолея, которая произведет коррекцию и превратит мир в Рай.

В эпоху властолюбивых Рыб, любящих материальные блага, распространились три религии: христианство, иудаизм и ислам, а также тайные секты, каббала, иллюминаты, масоны, дьяволопоклонники и т. д. расширились до размеров такой силы, которая диктовала верующим: посещение молитвенных комплексов, изучение религии, проведение Каббалистических обрядов и основание средств массовой информации. Религия диктовала что и когда есть, когда возвращаться с работы, когда поститься и назначать праздники. Религиозное принуждение, неприятие и диффамация других религий, вплоть до убийства и уничтожения по религиозным мотивам. Языческие обряды, такие как:

крещение, обрезание, брак, развод, насилие, человеческие жертвоприношения и многое другое.

Церемонии, проводимые религиозными лидерами, лишают свободы выбора, церемонии захоронения, позволяющие хоронить на своей земле только своих верующих, а всех, кто отличается - отвергать. Иерархия и коррупция, получение огромных пожертвований и льгот, вплоть до создания экстремистских сект и фракций.

Абсурдная реальность: создание Христианского государства (!) Ватикан в Риме под эгидой Папы Римского, в то время как римляне распяли и убили

Иисуса, поэтому к началу Эпохи Водолея Ватикан и его служители будут устранены как Библейская поправка.

Все религии являются своего рода ненужными «брокерскими конторами» между человеком и Богом и существуют на деньги правительства, населения и поколений верующих. Между религиями идет постоянная маркетинговая конкуренция, которая обещает приблизить и превратить своих верующих в «хороших» людей, лишенных пагубных инстинктов, и дать им обещания из «священных» книг, большинство из которых представляют собой лишь древние легенды.

Материя никогда не будет священной – священен лишь дух души. Религиозная индустрия на протяжении поколений прокручивает огромные денежные потоки без каких-либо нововведений, и превращает своих верующих в рабов под покровительством религии. Люди - эгоистичны, и поэтому религии не могут мирно сосуществовать.

Историческое доказательство: Религии никогда не объединяли людей, а лишь разделяли и сеяли ненависть, вплоть до убийств и уничтожения иноверцев. Это верно и по сей день, поэтому религии будут устранены.

Каждая религия вращается вокруг материального и противоречит свободе человека. <u>Религии не духовны</u>.

- **Религиозный человек**: диктует, не давая права выбора, связан с материальным: молитвенные дома,

кладбища, религиозные книги, законы, церемонии, амулеты, религиозные предметы и костюмы.

- **Духовный человек**: не принуждает и дает свободный выбор, не связан с материальным, а общается с Творцом, с помощью или без вспомогательных средств.

Вам не нужны посредники, все связаны с Творцом самим своим созданием.

Вы бесконечные сферы света, одалживающие душу для исправления ошибок.

Цель создателя: Вы были созданы инопланетными творцами на планете Земля, чтобы продолжить создавать усовершенствованных и духовных человеческих существ по замыслу Творца. **Вы дух, воплощенный во временном материальном теле, чтобы засвидетельствовать природу Творца/Бога.** (читайте в книге «Божественное Творение»).

Материя не принесет радости духу (душе) на длительное время, эмоции связаны с душой. Душу (дух) не излечить с помощью материи, так как лекарства не лечат, а калечат. Все болезни и эпидемии созданы учеными и фармацевтическими компаниями при финансовой поддержке коррумпированных богачей и правительств с целью уменьшения населения, которое угрожает их выживанию, а также для обогащения фармацевтической промышленности.

Мы постепенно расстаемся с губительной эпохой Рыб и постепенно входим в эпоху Водолея, которая официально начнется в 2106 году и продлился до 4212 (Продолжительность эпохи 2106 лет). Лучи эпохи Водолея продолжаются 468 лет и начались в 1638 году.

Переход между эпохами всегда будет сопровождаться хаосом той эпохи, от которой они отделены, поэтому с наступлением эпохи Водолея планету Земля ждут и стихийные бедствия.

Религии заменит вера - ибо «во вселенной нет религий, а есть вера». По мере повышения уровня образования – влияние религии будет уменьшаться. Граждане планеты Земля воочию встретятся с иными формами жизни во вселенной и с нашими инопланетными создателями.

Астрологический зодиак включает в себя все 12 эпох и влияет на всю Вселенную, а также на десять планет, вращающихся вокруг Солнца в галактике Млечный Путь, включая планету Земля.

Математика - это инструмент для понимания Вселенной.

Каждая эпоха связана с зодиакальным знаком, одним из 12 знаков зодиака, с положительными и отрицательными характеристиками, которые влияют на человечество планеты Земля. При переходе между эпохами ожидаются энергетические, экологические, технологические и другие изменения.

- **Эпоха** продолжается 2106 год.

- **Лучи эпохи** предшествуют самой эпохе и длятся 468 лет.
  Как лучи солнца появляются перед восходом солнца, так и лучи эпохи всегда проявляются за 468 лет до ее начала и образуют период постепенного наложения эпох к началу следующей эпохи.

Части книги:

В первой части - объяснение 12 эпох.

Во второй части - математические расчеты в виде таблиц, движущихся в циклическом порядке примерно на 4.000 лет назад до нашей эры и более чем на 25.000 лет вперед во времени.

Астрологическо-нумерологический порядок всегда происходит циклично и с наложением:

- Каждый цикл состоит из 52 лет и делится на две части: сначала 27 лет, а затем 25 лет, и так продолжается в круговых циклах.

- Каждая эпоха начинается с лучей эпохи – за 468 лет до ее начала.

- Каждый год начинается на полгода раньше.

- Каждый месяц начинается на полмесяца заранее.

- Каждый день, 6 утра, начинается на полдня раньше, в полночь и одну минуту 00:01

В главе 4 «Таблицы расчета эпохи» есть четкое разделение:

- До **0** года н. э. - Рождение Иисуса:
  Годы движутся **назад**. Цикл и периодичность движутся в порядке **возрастания** в математической цикличности чисел от **1** до **9**.

- **С 10 г. н. э.** - Иисус пришел к просветлению в возрасте **10** лет:
  Вышеуказанный порядок меняется на противоположный, и годы движутся **вперед**. Цикл и периодичность движутся в порядке **убывания** в математической цикличности чисел от **9** до **1**.

  Зодиак проецируется на планету Земля как зеркало, поэтому он движется **назад**, то есть в противоположном направлении, с которым мы знакомы из астрологии.

«Движение назад» упоминается и в духовной книге Элизабет Хейч «Посвящение», где она отмечает, что эпохи **движутся назад** по знакам зодиака.

Хейч объясняет в своей книге «Посвящение» (Unicorn Publishing, Глава 35 - Эпохи Мира, со страницы 330):

1. Продолжительность космического года и продолжительность каждой эпохи как конечное данное, без математического объяснения.

2. Общее объяснение 5 эпох астрологического зодиака, но без числовых данных и математического объяснения периодов для этих эпох.

По сравнению с книгой Хейч, книга «Будущее» содержит математические расчеты и данные, полученные по формуле, приведенные в книге. Ниже представлена сравнительная таблица:

Тема	В книге «Будущее»	В книге Элизабет Хейч «Посвящение». Глава 35
Детали Эпохи:	Перечислены все 12 эпох	Перечислены 5 Эпох: Тельца, Овна, Рыб, Водолея и Козерога
Движение Зодиака:	Движутся назад	Движутся назад
Переход между эпохами:	Подробное глубокое словесное и математическое объяснение - о «лучах эпохи».	На странице 335 есть пояснение в две строки - о «переходном периоде».
Подробная информация о годах и математическое объяснение дат периодов:	Есть	Нет
Продолжительность Эпохи на планете Земля:	2106 лет	2160 лет
	цифры перевернуты 06 = 60	
Количество земных лет пройденных за один космический год во вселенной:	25272 года	25920 лет
	2+7+2 = 9+2+0	

Вот некоторые тезисы из моей первой книги «Божественное Творение»:

- **Ничего не принимайте как должное**. И не верьте этой книге.

  Продолжайте исследовать и задавать вопрос «почему», и таким образом - создавать бесконечно, ибо никогда не было и не будет лишь одной истины.

  Любопытство и исследование - постоянный двигатель в бесконечной Вселенной.

- **Единой истины нет**.

  Творец никогда не даст лишь одного окончательного ответа, а будет скрывать, чтобы позволить человечеству выбирать, исследовать и открывать. Ведь если бы все было очевидно - не было бы смысла в непрерывности жизни. Тайна - это бесконечный двигатель, который движет человечеством.

- **Творец никогда не будет мешать выбору человека**, но всегда будет давать ему возможность исправиться во время своих воплощений. В эпоху Водолея все дела человека возвращаются к нему при жизни.

- **Все живое вокруг вас дышит, резонирует и имеет свою частоту**. И на планете Земля, и в бесконечной Вселенной. Все взаимосвязано и взаимозависимо. Смещение одной звезды во Вселенной влияет на остальные. Разрушение планеты в одной части - влияет на остальную ее часть.

- **И на планете Земля, и во всей Вселенной можно менять состояние накопления** материи, но невозможно скрыть или уничтожить ее.

  Люди не смогут уничтожить планету Земля, а лишь временно истребить жизнь на ней. Планета Земля существует миллиарды лет и для своего существования ей не нужны кислород, вода, почва или природные ресурсы, в них нуждаются люди и природа.

- **Вы бесконечные сферы света.**
  Изначально все души принадлежали единой материнской душе, которая рассеялась в бесконечной вселенной и сотворила жизнь, в то время как формы жизни во вселенной создают разные формы жизни на планетах, как и на планете Земля.

- **Ничто не было и не будет вашим навеки, даже ваша душа** не принадлежит вам, а одолжена лишь на время. Каждая духовная душа решает воплотиться во временном материальном теле на Земле, чтобы засвидетельствовать о своей природе и, таким образом - о природе Творца/Бога.

- **Невозможно умереть.**
  Жизнь не имеет ни начала, ни конца. В каждом из вас есть искра создателя, поэтому вы не перестанете существовать навсегда, а лишь будете менять состояние накопления циклично, из духовного в материальное и наоборот.

В момент смерти каждая душа возвращается в свое первоначальное состояние сферы света и без эго выбирает снова - продолжать как дух или как материя с целью: засвидетельствовать о своей природе и природе Бога.

Душа иногда проходит тысячи воплощений, до исправления и просветления в физическом теле. Именно степень просветления души позволяет ей подняться из материального мира в иерархию духовного мира. Каждая душа может продвинуться вверх или вернуться назад и исправиться. Следовательно, человек может выбрать в своем следующем воплощении стать камнем, растением, животным или человеком, чтобы исправиться, как показано в следующей диаграмме:

Мир материи

Душа как дух решает быть временно воплощенным в материи - в материальной иерархии как:

✓ Пепел, камень.

✓ Растение.

✓ Животное.

✓ Человек или внеземная форма жизни

✓ И так до просветления в живом теле.

Мир Души

Душа завершает свое воплощение в материальном мире, и в зависимости от уровня просветления в ней может вознестись к:

✓ Сущности.

✓ Ангелу.

✓ Вернуться и воссоединиться с Творцом.

Циклы эпох движутся назад по зодиаку, то есть в противоположном направлении, с которым мы знакомы сегодня в астрологии, например:

Переход от знака Тельца ➡ к знаку Овна (а не к знаку Близнецов)

Переход от знака Овна ➡ к знаку Рыб (а не к знаку Тельца)

Переход от знака Рыб ➡ к знаку Водолея (а не к знаку Овна)

Переход от знака Водолея ➡ к знаку Козерога (а не к знаку Рыб) и т. д.

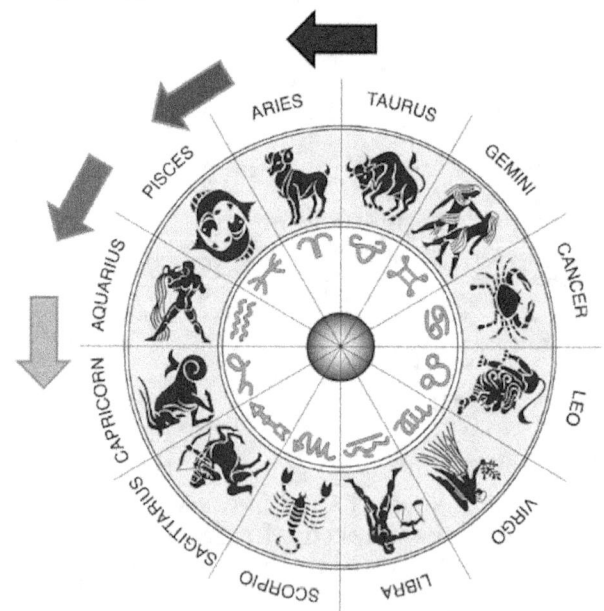

Таблица математического расчета Эпох

1	2	3	4	5	6	7
Периодичность от 1 до 9 лет, в порядке убывания / нарастания (нумерология)	Периодичность 52 года разделена на: 25, 27 лет	Периодичность 9 циклов по 52 года (52 в иудаизме)	Лучи Эпохи — Периодичность × 9 циклов = 468 лет	Мега Эпоха — Лучи Эпохи × 9 циклов = 4,212 лет	Эпоха — Мега Эпоха : 2 наложения = 2,106 лет	Год во Вселенной — Эпоха × 12 знаков зодиака = 25,272 года
9	27 / 25	52				
8	27 / 25	52				
7	27 / 25	52				
6	27 / 25	52	9 × 52 = 468 лет (9=4+6+8)	9 × 468 = 4,212 лет (9=4+2+1+2)	4,212 : 2 = 2,106 лет (9=2+1+0+6)	2,106 × 12 = 25,272 года (9=2+5+2+7+2)
5	27 / 25	52				
4	27 / 25	52				
3	27 / 25	52				
2	27 / 25	52			4,212 : 2 = 2,106 лет (9=2+1+0+6)	2,106 × 12 = 25,272 года (9=2+5+2+7+2)
1	27 / 25	52				

* сумма цифр для каждого года в таблице = всегда равна 9, завершение и подготовка к новому. Цифра 9 - нейтральна и не отменяется при сложении цифр в нумерологии.

Периодичность 52 года

Каждый период делится на 2 части (27 + 25 = 52):

Первая часть периода = 27 лет = 2 + 7 = 9 = хаос, разрушение и созидание.

Вторая часть периода = 25 лет = 2 + 5 = 7 = исправление, новый порядок и духовность.

- Важность цифры семь: 7 дней недели (Шева = Шаббат), 7 дней Бытия, 7 небес, 7 рожков Меноры, 7 недель отсчета Омера, Песах и Суккот длятся 7 дней.

Значение числа 52 в Иудаизме (5 + 2 = 7):
- В году 52 полные недели
- В книге Зоар 52 главы
- Пять книг Торы делятся на 52 главы и т. д.

Первая часть периода продолжается 27 лет,
2 + 7 = 9
Нумерологическое значение числа 9 = возрождение, завершение и созидание.

Только на 27-й год - Творец вмешивается и влияет на человечество чтобы все исправить ко второму циклу, поэтому в "Расчетных таблицах эпох" (глава 4) 27-й год всегда повторяется дважды!

Первые 27 лет (9) будут выражаться в демонтаже старого и сборки нового для новых созиданий, таких как: развитие, наука и изобретения. Права человека, животные и природа. Войны и разрушения, стихийные бедствия и голод. Географические и экологические изменения. Демографические переходы, изменения общества, режимов и правительств.

Как написано в каждой моей книге: Каждое новое созидание требует хаоса в начале!

На 27-й год Творец всегда вмешивается и продвигает человечество с помощью хаоса, создания порядка и внедрения новых знаний. Вот некоторые примеры:

- Чтобы сделать ремонт, навести порядок с доме или в любом другом месте - создается хаос: беспорядок, отбор, упорядочивание и организация до тех пор, пока не будет создан желаемый порядок.

- Создание планеты - требует хаоса и взрыва других планет, в то время как из их звездной пыли образуется новая планета.

- Результаты Первой мировой войны - породили Вторую мировую войну, которая создала мировой хаос, завершила период и открыла новый период в 27-м году = 1945: Глава 4 объясняет, что Творец вмешался, выбрал Алана Тьюринга (отца информатики), помог ему разгадать загадку «Энигмы» и положить конец Второй мировой войне. Нет ничего случайного, есть Божественный план.

Вторая часть периода продолжается 25 лет,
2 + 5 = 7

Нумерологическое значение числа 7 = исправление, очищение, изобретение, прогресс и духовность.

Творец предусматривает второй цикл 25 лет, в течение которого человечество может завершить процесс, очистить и исправить ущерб, нанесенный им в первом 27-летнем цикле, чтобы подготовить человечество к следующему циклу из следующих 52 лет и так далее.

25 лет будут посвящены хаосу и революциям с целью исправления и очищения, прозрения и прав, свободы и сострадания, заботы и справедливости, независимости и нравственности, знаний и технологий, открытий и инноваций, роста и осознания, прозрений и духовности.

Пример из главы 4 «Таблицы расчета Эпохи»

Ниже представлен 52-летний цикл между 1970 и 1819 годами, который делится следующим образом:

1918 - 1945 = 27 лет хаоса: Первая и Вторая мировые войны.

1945 = 27-й год повторяется дважды: в этом году Творец вмешался и прервал Вторую мировую войну, помогая

Алану Тьюрингу (отцу информатики) раскрыть «загадку» и положить конец войне.

Творец вмешивается, чтобы защитить человечество от самоуничтожения и продвинуть его с помощью предоставления новых знаний планете Земля.

1945 - 1970 = 25 лет ремонта, очищения, различных изобретений, которые способствовали развитию человечества и духовности.

За эти годы создатель предоставил технологические знания для таких изобретений, как:

транзистор, копировальный аппарат, лазерный принтер, водородная бомба, структура ДНК, атомная подводная лодка, первый имплантат кардиостимулятора, спутники, антенны, компьютеры, роботы, дети-цветы в 60-х годах и многое другое.

Лучи Эпохи

Как солнечные лучи появляются перед восходом солнца, так и лучи эпохи всегда освещают 468 лет до начала каждой эпохи, создавая период наложения между веками постепенно и, таким образом, предвещая наступление следующей эпохи.

Лучи эпохи всегда будут освещать человечество благодаря проницательности, науке и техническому прогрессу.

Ниже приводится расчет продолжительности лучей эпохи:

52 циклических года × 9 нумерологических циклов = 468 лет совпадения двух эпох.

Соединяем цифры 4+6+8 = 9 = конец и подготовка к инновациям в нумерологии.

52 = 52 года в каждом цикле.

   Цикл делится на две части и сумма двух его циклов равна 52 годам = 25 + 27.

9 = 9 повторяющихся циклов в нумерологии (от 9 до 1)

Мега Эпоха

Ниже приводится расчет продолжительности лет мега эпохи:

468 лет лучей эпохи × 9 нумерологических циклов = 4212 лет = удвоенная продолжительность эпохи.

Соединяем цифры 4 + 2 + 1 + 2 = 9 = завершение и подготовка к новому в нумерологии.

468 = Лучи эпохи, освещающие 468 лет до начала каждой эры.

9 = 9 повторяющихся циклов в нумерологии (от 9 до 1).

Эпоха

Ниже приводится расчет продолжительности лет эпохи:

4212 лет мега эпохи : 2 (наслоения между 2 эпохами) = 2106 лет = продолжительность одной эпохи.

Соединяем цифры 2 + 1 + 0 + 6 = 9 = завершение и подготовка к новому в нумерологии.

4212 = Продолжительность мега эпохи.

9 = 9 повторяющихся циклов в нумерологии (от 9 до 1).

Полный цикл 12 эпох

Ниже приводится расчет продолжительности полного цикла 12 эпох:

Промежуток времени, за который планета Земля завершает полный цикл 12 знаков зодиака.

Ниже приводится расчет:

2106 лет каждой эпохи × 12 знаков зодиака = 25,272 лет.

2106 = эпоха, продолжительностью 2106 лет.

12 = 12 астрологических знаков зодиака (от 9 до 1).

Сумма цифр, полученных во всех приведенных выше вычислениях, всегда равна 9 =

Это означает:

Что все начинается, заканчивается и начинается заново, в бесконечном круговом и математическом цикле, без случайных совпадений, а в идеальном божественном времени!

Глава 2
Даты 12 эпох

Таблица эпох

* **Эпоха** продолжается 2106 лет.
* Лучи эпохи всегда начинаются за 468 лет до ее начала, создавая период наложения между эпохами и предвещая наступление следующей эпохи.

Порядок астрологической Эпохи	Лучи Эпохи 468 лет до начала эпохи	Начало Эпохи
Эпоха Тельца	4680 год до н. э. Круг 9 - цикл 2	4212 год до н. э. Круг 9 - цикл 2
Эпоха Овна	2574 год до н. э. Круг 4 - цикл 6	2106 год до н. э. Круг 4 - цикл 6
Эпоха Рыб	468 год до н. э. Круг 7 - цикл 9	0 год н. э. Круг 7 - цикл 9

В **468** году нашей эры ученый Пифагор прославился трудами теории чисел.
В **1638** году нашей эры (2106-468= 1638) 'масон' Галилео Галилей открыл, что планеты вращаются вокруг Солнца

Эпоха Водолея	1638 год Круг 7 - цикл 5	2106 год Круг 7 - цикл 5
Эпоха Козерога	3744 год Круг 3 - цикл 1	4212 год Круг 3 - цикл 1

Порядок астрологической Эпохи	Лучи Эпохи 468 лет до начала эпохи	Начало Эпохи
Эпоха Стрельца	5850 год Круг 8 - цикл 6	6318 год Круг 8 - цикл 6
Эпоха Скорпиона	7956 год Круг 5 - цикл 3	8424 год Круг 5 - цикл 3
Эпоха Весов	10,062 год Круг 1 - цикл 8	10,530 год Круг 1 - цикл 8
Эпоха Девы	12,168 год Круг 6 - цикл 4	12,636 год Круг 6 - цикл 4
Эпоха Льва **исключение**	14,274 год Круг 2 - цикл 9	14,742 год Круг 3 - цикл 1
Эпоха Рака	16,380 год Круг 8 - цикл 6	16,848 год Круг 8 - цикл 6
Эпоха Близнецов завершает круг из 12 знаков зодиака.	18,486 год Круг 4 - цикл 2	18,954 год Круг 4 - цикл 2
Эпоха Тельца начинает новый круг знаков зодиака.	20,592 год Круг 9 - цикл 7	21,060 год Круг 9 - цикл 7

Диаграмма Эпох #1

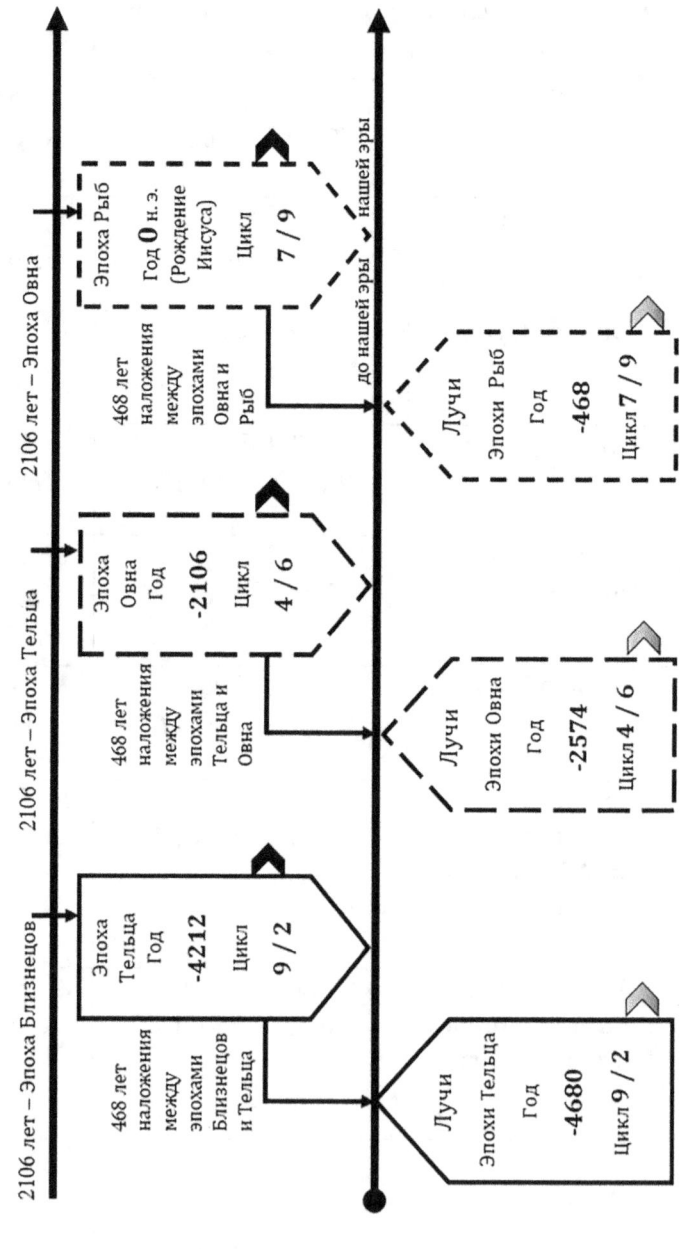

Диаграмма Эпох #2

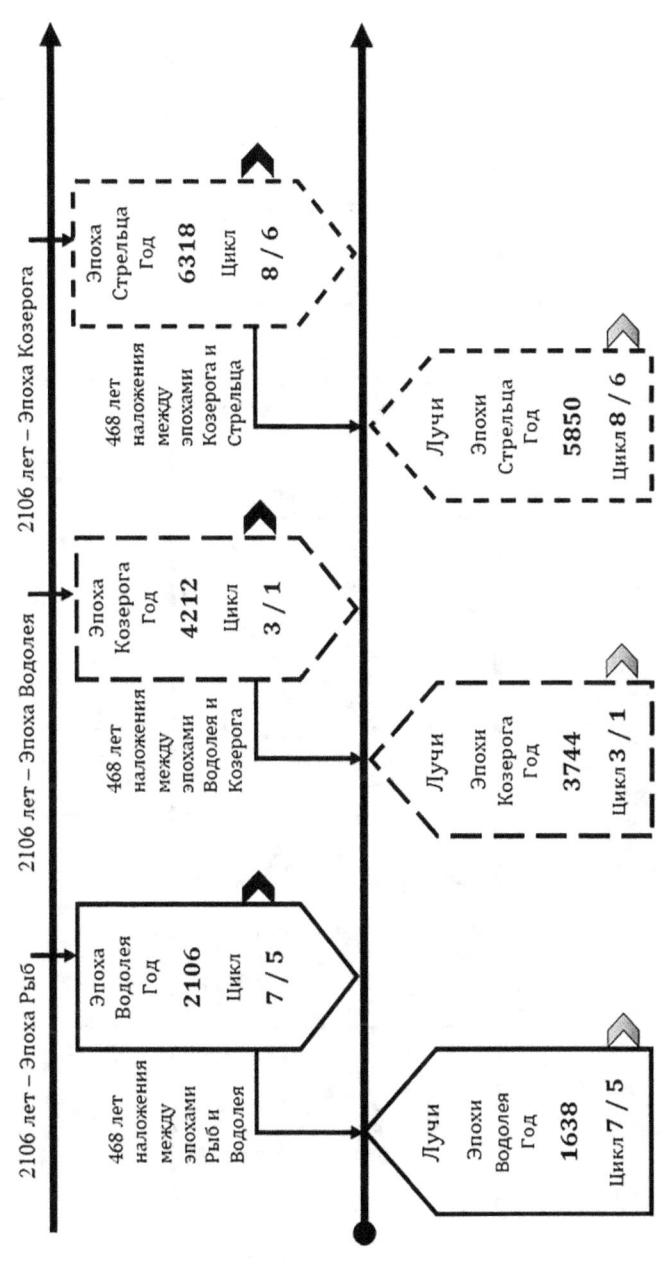

2106 лет – Эпоха Рыб

2106 лет – Эпоха Водолея

2106 лет – Эпоха Козерога

Эпоха Водолея
Год **2106**
Цикл **7 / 5**

468 лет наложения между эпохами Рыб и Водолея

Эпоха Козерога
Год **4212**
Цикл **3 / 1**

468 лет наложения между эпохами Водолея и Козерога

Эпоха Стрельца
Год **6318**
Цикл **8 / 6**

468 лет наложения между эпохами Козерога и Стрельца

Лучи Эпохи Водолея
Год **1638**
Цикл 7 / 5

Лучи Эпохи Козерога
Год **3744**
Цикл 3 / 1

Лучи Эпохи Стрельца
Год **5850**
Цикл 8 / 6

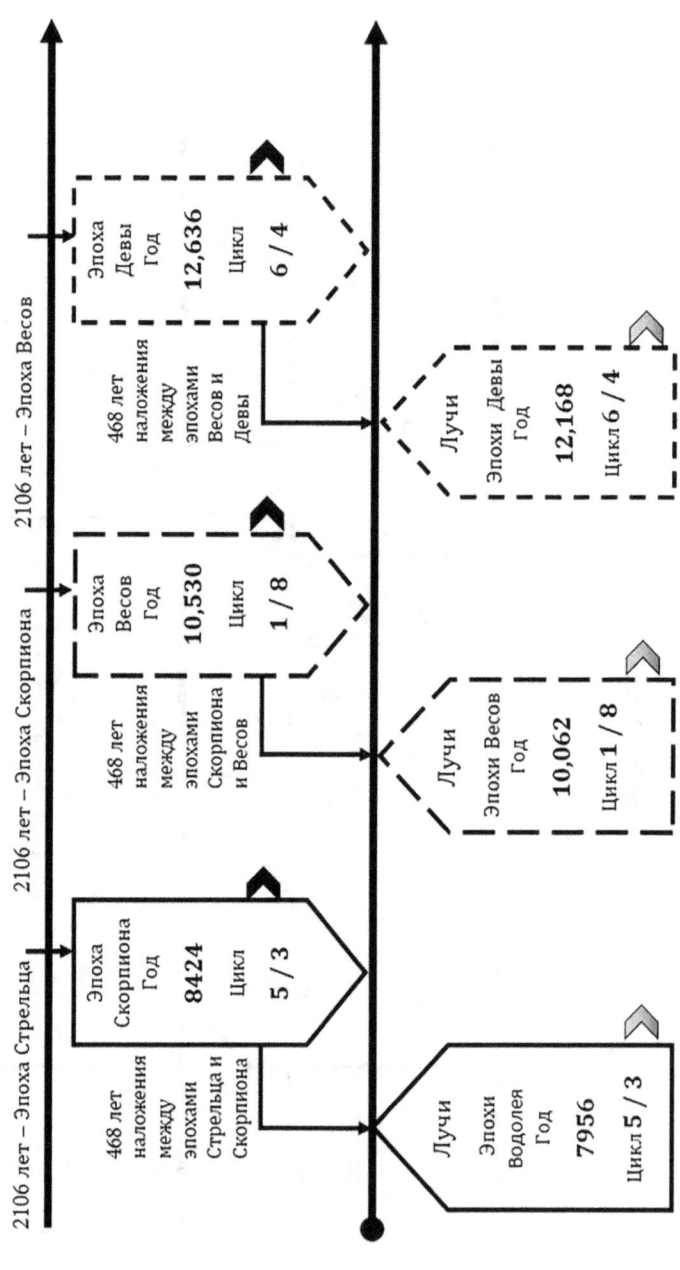

Диаграмма Эпох #3

Диаграмма Эпох #4

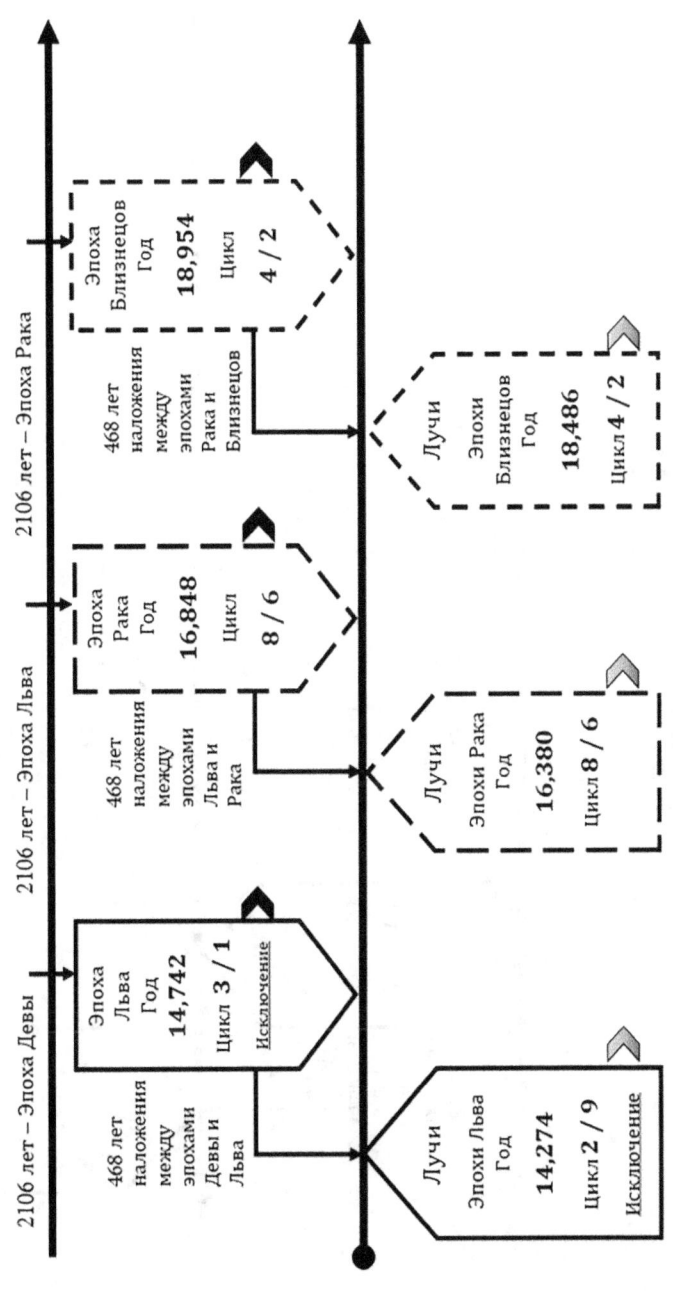

2106 лет – Эпоха Девы

2106 лет – Эпоха Льва

2106 лет – Эпоха Рака

468 лет наложения между эпохами Девы и Льва

Эпоха Льва
Год
14,742
Цикл **3 / 1**
<u>Исключение</u>

Лучи Эпохи Льва
Год
14,274
Цикл **2 / 9**
Исключение

468 лет наложения между эпохами Льва и Рака

Эпоха Рака
Год
16,848
Цикл **8 / 6**

Лучи Эпохи Рака
Год
16,380
Цикл **8 / 6**

468 лет наложения между эпохами Рака и Близнецов

Эпоха Близнецов
Год
18,954
Цикл **4 / 2**

Лучи Эпохи Близнецов
Год
18,486
Цикл **4 / 2**

Диаграмма Эпох #5

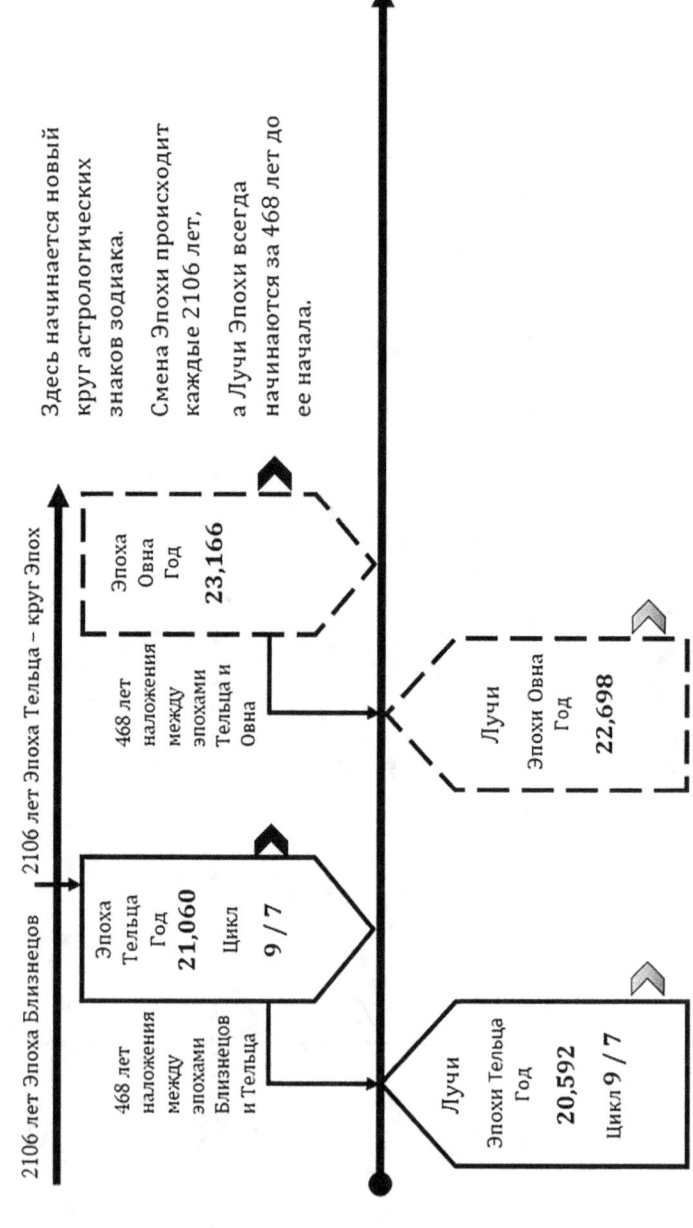

Глава 3
Об Эпохах

Эпоха Тельца

Лучи Эпохи: с (-) 4680 года до Нашей эры.

Начало Эпохи: с (-) 4212 года до Нашей эры.

Конец Эпохи Тельца: с начала Эпохи Овна в (-) 2106 году до Нашей эры.

Круг 9 - цикл 2: Эпоха знаний, общения и медленного роста, наряду с хаосом и замыканием кругов для нового старта.

Лучи Эпохи Тельца всегда начинаются за 468 лет до начала следующей эпохи,
Расчет: (-) 4212 - 468 = (-) 4680, 4 + 6 + 8 + 0 = 18, 1 + 8 = 9

Продолжительность каждой Эпохи – 2106 лет. Эпоха Тельца заканчивается следующим расчетом:
Год (-) 4212 + 2106 = (-) 2106 , 2 + 1 + 0 + 6 = 9

Сумма цифр Эпохи или Лучей Эпохи всегда равна 9 = завершение и подготовка к новому.

Телец относится к основным знакам Земли, а правящая звезда - Венера, поэтому эта эпоха была успешной в плане физической активности, строительства, сельского хозяйства и связи с землей.

Характеристики Эпохи Тельца:

 Положительные характеристики:

Любят трудиться, коммуникабельные, любят людей и природу, щедрые, сексуальные и эстетичные.

 Отрицательные характеристики:

Ребячество и упрямство, ранимость и собственничество, ревность и обидчивость.

Признаки Эпохи Тельца, которая завершилась:

- **Переход от идолопоклонства (материального) - к вере в единого Бога (духовности)**

- В Египте Бог Апис = Бог мужского плодородия в образе быка.

- **В Турции строились храмы поклонения быку.**

- **В районе Ассирии и Ханаана знак Бога «Хадад»** = в образе головы быка.

- Бог «Баал» = бог дождей и жизни, который едет на быке.

- Бык также почитался в учении Буддизма в восточных странах.

- Эта эпоха оставила свой след в основном в царствах: Египте, Ханаане, Ассирии, Греции, Индии и Китае.

- **Проектирование и строительство огромных сооружений**, таких как: пирамиды, храмы и дворцы на земле и под землей.

- **Связь с формами жизни с разных планет** и получение высоких духовных научных знаний, понимание отмены гравитации на материи - таким образом им удавалось поднимать тяжелые камни и строить огромные сооружения с образцовым математическим расчетом и точностью.

- **Сельское хозяйство**: новые методы орошения, разработки и возделывания почв, а также пустынных земель.

- **Широкие связи**: деловое и коммерческое развитие между правителями и народами.

- **Развитие красоты**: уход за телом, эстетические процедуры и здоровье тела.

- **Чувственное и эмоциональное выражение на публике**: ритуалы плодородия, сексуальности, удовольствия и любви.

- **Эпоха войн и конфликтов**, собственности и власти, правителей и империй, борьбы за власть, классовых различий и иерархии.

Вы можете увидеть закат Эпохи Тельца и переход Эпохе Овна в истории Исхода из Египта:

1. Сыны Израиля исходят из Египта и перед ними - огненный столб (неопалимая купина, символизирующая Овна/огненную стихию). Часть народа воздвигает себе статую в виде быка (золотого тельца) в попытке вернуться «к Быку» -символу предыдущей Эпохи Тельца.

2. Моисей спускается со скрижалями завета с горы Синай: момент принесения справедливости и порядка в народ, новое творение из хаоса, созданного в народе.

- Скрижали Завета = символизируют <u>новый порядок</u>.

- <u>Справедливость</u> символизируют Весы = дополнительный знак напротив знака Овна в зодиаке.

Эпоха Овна

Лучи Эпохи: с (-) 2574 года до Нашей эры.

Начало Эпохи: с (-) 2106 года до Нашей эры.

Конец Эпохи Овна: с начала Эпохи Рыб в **0** году – рождение Иисуса.

Круг 4 - цикл 6: Эпоха роста, развития и укрепления, а также целеустремленности, уникальности, открытий и знаний.

Лучи Эпохи Овна всегда начинаются за 468 лет до начала следующей эпохи,
Расчет: (-) 2574 - 468 = (-) 2106, 2 + 5 + 7 + 4 = 18, 1 + 8 = 9

Продолжительность каждой Эпохи - 2106 лет. Эпоха Овна заканчивается следующим расчетом:
Год (-) 2106 + 2106 = 0 - рождение Иисуса , начало Эпохи Рыб

Сумма цифр Эпохи или Лучей Эпохи всегда равна 9 = завершение и подготовка к новому.

Овен, управляется Марсом и принадлежит зодиаку, создающему огонь и энергию, - поэтому эта эпоха была насыщена успехами, инициативой и началом проектов, обширным общением, завоеваниями и давкой толпы.

Характеристики Эпохи Овна:

 Положительные характеристики:

Инициатива и лидерство, сила и честность, верность, эстетика и сексуальность.

 Отрицательные характеристики:

Соперничество и эгоизм, власть и контроль, упрямство, высокомерие и нетерпимость.

Признаки Эпохи Овна, которая завершилась:

- **Эта эпоха характеризовалась правителями, императорами и завоеваниями** в основном в таких империях, как Персия (Ассирия), Греция и Рим.

- **Золотой век в области искусства, архитектуры и спорта:** строительство и проектирование сложных зданий и мостов. Живопись, скульптура, дизайн и различные искусства, зрительные залы и гладиаторы, спортивные соревнования, олимпиады, культура красоты, эстетика и здоровье тела.

- **Золотой век в области знаний, образования и изобретений в таких профессиях, как:** математика, физика, психология, наука, медицина, юстиция и философия.

- **Время великих греческих философов, таких как:** Аристотель, которые поместили «теорию мира»: мир находится в центре, окутанном атмосферой. Платон - ответственный за изучение математики в современном образовании и Пифагор - чьи математические доказательства применяются и изучаются по сей день.

- **Насильственное поклонение Богам из мифологии: Афродита** - богиня любви, Ирис - богиня радуги, Ирена - богиня мира, Афина - богиня мудрости, Виктория - богиня победы, Посейдон - бог моря и многие другие.

- **Аристократия и классовые различия**: расизм, иерархия и поклонение слуг господину. Неравенство и неравноправие, различия по половому признаку, а также основанные на расе, классе, образовании и богатстве. Также - льготы, коррупция и т. д.

Эпоха Рыб

Лучи Эпохи: с (-) 468 года до Нашей эры.

Начало Эпохи: с 0 года Нашей эры - рождения Иисуса.

Конец Эпохи Рыб: с начала Эпохи Водолея в **2016** году Нашей эры.

Круг 7 - цикл 9: Эпоха исправления, познания, одухотворения и созидания к лучшему, наряду с хаосом и замыканием кругов в преддверии нового.

Лучи Эпохи Овна всегда начинаются за 468 лет до начала следующей эпохи,
Расчет: 0 - 468 = (-) 468, 4 + 6 + 8 = 18, 1 + 8 = 9

Продолжительность каждой Эпохи – 2106 лет. Эпоха Рыб заканчивается следующим расчетом:
Год 2106 + 0 = 2106,   2 + 1 + 0 + 6 = 9.

Сумма цифр Эпохи или Лучей Эпохи всегда равна 9 = завершение и подготовка к новому.

Рыбы - один из меняющихся знаков зодиака.
Он принадлежит стихии воды, а его управителем является звезда Нептуна, поэтому эта эпоха воплощает в себе парадокс между духовностью, научными открытиями и технологическими инновациями наряду с контролем и саморазрушением.

Характеристики Эпохи Рыб:

**Положительные характеристики:**
Воспитание и эстетика, сострадание и сочувствие, творчество, сексуальность и духовность.

Отрицательные характеристики:
Перепады настроения и уловки, власть и контроль, ранимость, упрямство и саморазрушение.

Признаки Эпохи Рыб, которая завершилась:

- **В (-) 468 году до н. э.:** Ученый Пифагор прославился трудами теории чисел, и также утверждал, что Луна шероховатая и имеет горы, подобные тем, что встречаются на планете Земля.

- **В 0 г. н. э. - рождение Иисуса:** Творец отправляет гонца на планету Земля, дабы открыть новую эру, свободную от религий и войн.

- **Мать Иисуса – Дева Мария** символизирует Деву, противоположную Рыбам в зодиаке.

- **Рождение Иисуса призвано открыть новую эпоху**, устранить религии в пользу свободной веры и объединить человечество. Неудачная попытка.

- **Иисус был пророком, предшествовавшим своему времени**, «и ты был светом для язычников», представляя Бога как коллективную сущность, не как источник страха, а как источник прощения и любви, когда все принадлежат одному и тому же источнику, без различий.

- **Иисус говорил о том, что материальные достижения незначительны** и что неправильно вкладывать средства во что-то мимолётное, такое как тело и материя, а вкладывать средства в обучение, мышление и творчество, которые приведут к открытиям для продвижения человечества.

- **Эпоха духовности - начало религий: христианство и** ислам. Рыбы всегда начинают хорошо, а продолжают насилием, контролем, безумием и саморазрушением. Например, привлечение новых верующих началось с хороших помыслов помощи другим, а продолжилось как власть, экстремизм и убийство населения под маркой Крестовых походов, инквизиции, геноцида, бунтов, Холокоста, эпидемий, инициированных правительствами для разбавления численности граждан каждые сто лет и т. д.

- **Рыбы принадлежат к стихии воды, в этот век человек создал и развил средства передвижения по воде**: лодки, корабли, пароходы, корабли для перевозки грузов и путешествий, вплоть до огромных эскадронных миноносцев. С 1440 года жители Европы плавали на круизных кораблях, открывали и покоряли новые континенты, это были исследователи земель: Марко Поло, капитан Кук, Христофор Колумб, Америго Веспуччи, Васко да Гама и др.

  Эпоха человеческой справедливости и свободы. Рыбы всегда начинают хорошо, а заканчивают контролем и саморазрушением. В начале эпохи мы видели: господ и слуг, классы и аристократию, рабство и неравенство в правах человека, эксперименты, цирки и заточение животных в зоопарках, уничтожение природы и др. В эпоху Рыб вместе с приходом лучей эпохи Водолея (с 1638 г.) мы замечаем изменения:

- **заметное улучшение прав человека**, равноправие, отмену рабства, окружающую среду, промышленную революцию, защиту животных, возвращение животных в их естественную среду обитания и многое другое.

- **Падение империй**: вместе с влиянием лучей Эпохи Водолея (с 1638 г.) власть вернулась к массам, как, например: Французская революция, длившаяся 10 лет и положившая конец периоду монархии, аристократии и классов во Франции. Сила масс свергала диктаторов на протяжении всей истории. Ожидаются гражданские революции по всему миру, ведущие к ликвидации правительств, режимов и монархий, ко времени наступления Эпохи Водолея в 2106 году.

- **Эпоха рыб пропитана кровопролитными войнами**, конфликтами и убийствами, такими как: завоевания Александра Македонского, Османской империи, Наполеона, Муссолини, Сталина и Гитлера и мировых войн. Ненужные войны, основанные на мужском эго, которые привели к уничтожению и убийству миллионов.

- **Эпоха Рыб** - Эпоха индивидуальной мужской силы. Эпоха, в которой правили люди и которые вели к войнам и разрушениям. Эпоха мужской коррупции, королевских особ, богачей, лидеров, премьер-министров, президентов и многих других. В эпоху приближающейся эпохи Водолея женщины расширят свои возможности, поведут за собой, создадут сообщества и принесут мир. В период эпохи Водолея (с 1638 г.) Творец принял решение о всемирном союзе между гражданами и подарил 1. умение плавать по воде и открывать земли. 2. Интернет, с помощью которого люди сблизятся и сплотятся.

- **Борьба за человеческую свободу и неприкосновенность частной жизни** - Хотя улучшенные технологии привели к открытому и сплоченному общению, социальным революциям и объединению граждан планеты, но как обычно, эпоха Рыб начинается хорошо, но продолжается с контролем и безумием, таким как: античеловеческие права и порядки, слежка за гражданами с помощью камер наблюдения, технологий и средств идентификации с целью отслеживания. Этот экстремизм приведет к гражданскому хаосу, который уничтожит любую индивидуальную власть и правительства по всему миру, тем самым положит начало Эпохе Водолея.

- **Эпоха технологий и передовых коммуникаций** - изобретение компьютера Аланом Тьюрингом и его развитие на протяжении многих лет с помощью различных компаний.

- **Дополняющим знаком зодиака по отношению к Рыбам является Дева** и ее вклад в эпоху Рыб в области образования и науки, создание университетов и колледжей для обогащения человеческих знаний. Исследователи начали путешествовать и открывать мир с 1490 года. Изобретение печатного станка в 1500 году. Промышленная революция в 1760 году. Технологическое развитие - бесконечно.

Поддержание красоты и эстетики - Эпоха Рыб начинается хорошо, как например: бани, санатории, оздоровительные процедуры, но продолжается негативными крайностями, такими как - булимия и анорексия, голодание, ненависть и отвращением к естественному внешнему виду, ненавистью к себе, фото-шоп, пластическая и косметическая хирургия, татуировки и пирсинг, конкурсы красоты и спортивные соревнования, феномен тренажерных залов и спортивного инвентаря – и все для того, чтобы мотивирования денежной индустрии, усиления в людях отвращения к себе и желание больше походить на других.

- **Развитие искусства и культуры** - живописи, скульптуры и других видов искусства, создание музеев и выставок, спектаклей и музыкальных представлений. Золотой век модельеров, машиностроения, архитектуры, дизайна интерьеров, потребительских товаров и т. д.

- **Еда и пища** - Эпоха Рыб из-за своей любви к власти и богатству действовала злонамеренно и разрушила ДНК естественных источников пищи в пользу быстрого глобального питания, используя огромное количество пестицидов, удаляя клетчатку и жир из продуктов питания и напитков (диетических) и добавляя сахар и его заменители и многое другое, которые привели к развитию таких заболеваний как: Диабет, рак и ожирение. Искусственные пруды для разведения рыбы, эксперименты над животными, постоянно освещенные курятники для производства огромного количества яиц, выращивания чрезмерного количества животных в ненадлежащих условиях для употребления человеком в пищу.

Все вышеперечисленное убьет миллионы людей ко времени наступления Эпохи Водолея в 2106 году. По мере приближения к Эпохе Водолея можно увидеть понимание «революции здоровья»: вегетарианство и веганство, здоровая кулинария и напитки, любовь и сострадание к животным, использование различных натуральных ингредиентов, самостоятельное выращивание фруктов, овощей, бобовых и трав.

- **Сострадание к природе** - В Эпоху Рыб мы замечаем чрезмерное использование животных для транспорта, сельского хозяйства и продовольствия. С вступлением человечества в Эпоху Водолея - набирает обороты вопрос экологии, прав животных, лечения и защиты животных, выпуска животных из зоопарков и возвращения их в природу, переработки многоразовых продуктов, опреснения морской и сточных вод, утилизации зеленой энергии на море, в воздухе и на суше, электричество Тесла и многое другое.

- **Методы преподавания в учебных заведениях по всему миру в основном коммунистические под маской демократии, когда правительство предписывает содержание, преподаваемое в ходе промывания мозгов на протяжении поколений, а учителя находятся под контролем правительства.** Души детей Кристаллов и Индиго, родившихся с 1945 года и далее, обладают высокими духовными способностями, приливом жизненной энергии и любознательностью, но, к сожалению их называют «Людьми с проблемой концентрации внимания», это вовсе не расстройство, а дар, любознательность и темперамент. Они пришли в этот мир, чтобы: модернизировать и ускорить технологии, сократить пропасть между нами и другими формами жизни во Вселенной, чтобы достичь телепатических способностей. Принести сострадание, любовь, единство и понимание между всеми живыми существами. Исправьте и измените старомодную коммунистическую государственную систему образования с помощью: Небольших групп или целенаправленного обучения (онлайн) с помощью и поддержкой. Меньше документации, больше компьютеров и технологических средств обучения. Обучение вне классной комнаты, выезд на природу. Обучение через практические исследование, менее теоретическое. Без соревнований и оценок. Обучение в спокойной обстановке, с любовью и терпением. Каждый человек-учитель с определенными знаниями, каждый дом-школа. Творец создаст глобальный хаос для того, чтобы родители потеряли веру в государственные системы образования и создали альтернативные независимые системы образования.

- **Творец запрещает накачивать и травить этих детей препаратами** «для концентрации внимания», проблема кроется в **устаревшей коммунистической системе образования**, правительстве, которое диктует промывание мозгов через преподаваемый материал, учебники, а учителей контролируют инспекторы Минобразования. Психиатрические препараты заставляют этих детей становиться зомби, с расстройствами пищеварения и социальными проблемами. Дети, которые принимают эти наркотики - вырастут с какими-либо расстройствами. Те, кто поддерживает эти лекарства: производят себе быструю отрицательную карму.

Эпоха Водолея

Лучи Эпохи: с 1638 года.

Начало Эпохи: с 2106 года.

Конец Эпохи Водолея: с начала Эпохи Козерога в **4212** году.

Круг 7 - цикл 5: Эпоха исправления, знаний, правды, инопланетян и духовности, вместе с новым порядком, любовью, единством, демонтажом старого и восстановлением справедливости.

Лучи Эпохи Водолея всегда начинаются за 468 лет до начала следующей эпохи,
Расчет: (2106) - 468 = 1638, 1 + 6 + 3 + 8= 18, 1 + 8 = 9

Продолжительность каждой Эпохи – 2106 лет. Эпоха Водолея заканчивается следующим расчетом:
Год 2106 + (2106) = 4212,   4 + 2 + 1 + 2 = 9.

Сумма цифр Эпохи или Лучей Эпохи всегда равна 9 = завершение и подготовка к новому.

Водолей связан с планетой Уран из знаков зодиака и символов волн. Эпоха, когда власть вернулась в массы. Я Водолей, и имя Гали (Галим - на иврите означает «волны») символизируют эпоху Водолея - да, мое назначение: нести проницательность, открывать и распространять знания в массы: "Открывай скрытое в массы". (Гали - на иврите также «открывать»)

Характеристики Эпохи Водолея:

 Положительные характеристики:

Справедливость и свобода, единство, социальность и духовность, изобретения, открытия и озарения.

Отрицательные характеристики:

Упрямство, бунт и нетерпимость, невинность и умственная неуравновешенность.

Признаки Эпохи Водолея:

Лучи эпохи уже начались в 1638 году нашей эры - тв этом году масон Галилео Галилей (отец современной механики) обнаружил, что планета Земля вращается вокруг Солнца.

Эпоха исследований и открытий:

«Ветер и материя - это движение волн (как символ Водолея), и разница между ними выражается в интенсивности частоты».

- **Технология** - С наступлением эпохи Водолея технология разработала оборудование, основанное на: передаче волн как символе Водолея, таким оборудованием как: радио, сотовые телефоны, лазерные устройства, электрические волны, микроволны, звуковые волны, световые волны, волны запаха и т. д. В Эпоху Водолея Творец напомнит людям что они могут использовать 12 витков ДНК вместо двух, и использовать эти 12 витков ДНК для телепатического общения, получения сообщений, лечения и исцеления. Лучи эпохи Водолея принесли с собой период открытий и Промышленной революции (в 1800-1600 гг.) Технологии будут продолжать развиваться вплоть до телепатического общения с другими формами жизни во Вселенной.

- **Духовность на пике.** В эпоху Рыб практика мистицизма считалась табу и сопровождалась наказаниями, отлучением от церкви и смертью, например - сожжением ведьм. В век духовной Эпохи Водолея практика мистицизма, духовное консультирование, ченнелинг и общение с умершими станут востребованной и процветающей отраслью. Эпоха Водолея, как духовная эпоха также будет выражаться в увеличении душевных (духовных) болезней и депрессии.

- **Справедливость и правда** - начало эпохи Водолея, которая исправит и разрушит старое, свершив быстрое правосудие путем восстановления власти в массах: раскрытие правды и упразднение правительств, министерств и государственных учреждений, организаций и предприятий, коррумпированных мэров и других монополий и индивидуальной власти. Все коррумпированное рухнет и исчезнет. В эпоху Водолея правосудие свершается быстро: "Все человеческие дела возвращаются к нему при жизни".

- **Власть возвращается к массам** - демократически-капиталистические методы правления изменятся в пользу граждан. Правительства, режимы и монархии рухнут под силой масс. В эпоху Водолея распоряжения будут даваться только массами, а не капиталистами. Глобальные гражданские революции приведут к упразднению бедности, справедливому, равноправному и законному распределению всего мирового богатства, которое на данный момент находится лишь у десятой части населения мира, между всеми гражданами планеты.

- **Деньги** - В Эпоху Водолея мы возвращаемся к простоте, деньги получат новую стоимость выше существующей и будут привязаны к драгоценным металлам, как это было тысячи лет назад. В основном будет обмен знаниями, продуктами питания и т. д. по бартеру между гражданами мира. Будут устранены процентные махинации и кредиты, долги перед государственными организациями, властями и банками будут списаны и обнулены. Все коррупционеры, поработившие человечество, банки, страховые компании, биржи, инвестиционные дома и прочее, рухнут и исчезнут.

- **Превращение английского языка в эксклюзивный международный язык** до начала Эпохи Водолея в 2106 году. В Эпоху Водолея граждане планеты будут иметь телепатические способности.

- **Революция в образовании-** родители создадут независимые школы, детские сады, колледжи и университеты вместо силовых государственных учреждений. Каждый человек, имеющий знания в определенной области - учитель, каждый дом - школа.

- **Правительства хотят воспитывать послушание**. Школы никогда не воспитывали, а обогащали ложными знаниями, отчасти в коммунистической системе, только по государственным учебникам, с помощью учителей под государственным контролем и с подходом послушания, как в темные времена. Методы обучения постепенно будут модернизироваться до небольших учебных групп, целенаправленного обучения (онлайн), виртуальных учителей в кампусах или домах, практического обучения вне аудиторий.
Акцент на независимое творчество и изобретения, науку и технику, искусство, музыку и окружающую среду. Упразднение понятия «ученик» и замена его на «знаток»/»знающий», отмена классов и классификации в соответствии с прогрессом в знаниях, накопленных каждым знающим. Оценки больше устранены, так как они призваны разделять и властвовать между успешными и неуспешным. Каждый школьник и студент будет проверяться на проекте практического исследования, которое он подготовит, без оценки.

- **Устранение ранее практиковавшихся профессий, таких как**: с разоблачением истины во время вступления человечества в эпоху Водолея вопросы истории и религии часто будут обнаруживаться как ложные, поэтому они будут изменены или классифицированы как художественная литература и общие знания для чтения, поскольку они не вносят вклад в будущее человечества.

- **Открытые границы** - ожидаются открытые переходы границ между континентами и странами - сначала в хаосе граждане будут бежать или эмигрировать как беженцы, потребуются разрешения и визы и постепенно ожидается свободное перемещение между странами, когда знания будут использоваться как товар и востребованный ресурс. Граждане смогут работать из дома или в любой стране в соответствии своим навыкам. Границы и ограничения исчезают, и все человечество становится «единой деревней».

- **Глобальный союз** - один за всех, и все за одного. Творец дал людям Интернет, с помощью которого они сблизятся и объединятся. Признаки объединения начались в 1998 году, с создания Google и социальных сетей коррумпированными деятелями с целью отслеживания граждан, но Создатель предоставил этот ресурс на благо граждан для распространения информации и сплочения, на их пути к устранению индивидуальной власти, правительств и коррупции.

- **Любовь, сострадание и забота об окружающем** - эмоции и частоты каждого живого существа на планете меняются и возрастают. Ожидается энергетическая связь человека с животными и природой: исцеление и помощь окружающим.

- **Свобода человека** - символ Эпохи Водолея. Передовые технологии будут способствовать открытию и раскрытию правды, социальным революциям и объединению граждан. Каждое новое творение сначала требует хаоса, поэтому правительства, корпорации и учреждения, опасаясь потерять власть и контроль, начнут преследовать, подслушивать и следить за мирными жителями с помощью передовых технологий под предлогом «защиты, предотвращения и национальной безопасности», это приведет к гражданским революциям, которые свергнут правительства и все, что нарушает свободу человека.

- **Окружающая среда** - Эпоха Водолея возвращает человечество к простоте, естественности и здоровью. Исправить, вылечить и восстанавливать все разрушенное, сохраняя и оберегая все вокруг: человека, животных, природные ресурсы: в море, на земле и в воздухе планета напоминает человечеству через силы природы: за миллиарды лет существования ничто не разрушило и не разрушит их целостность. К наступлению эпохи Водолея власть вернется в массы, устранив все элементы власти и разрушения, коррумпированных богачей, фармацевтические компании, руководителей компаний и правительства, уничтожающие сельское хозяйство и продовольствие, распыляющие токсины и химикаты в воздух, почву, в сельском хозяйстве, фруктах и овощах, использующие ядовитый фтор в питьевой воде и в стоматологической промышленности. На средства богачей и правительств были изобретены ядовитые вакцины, каждая из которых токсична и предназначена для ослабления иммунной системы, а вирусы и эпидемии были изобретены в лабораториях, и на них существуют патенты. Все вышеперечисленные токсины вызывают заболевания у большей части населения земного шара, их настоящей целью является уменьшение населения и обогащение фармацевтических компаний за счет людей, привитых токсинами со дня их рождения и болеющими в течение всей жизни, так ослабляется здоровье граждан и предотвращается гражданский бунт. Человек образован для понимания через хаос, поэтому к наступлению эры Водолея Творец подтолкнет коррумпированные правительства и богачей к всемирному Холокосту, уничтожит сельское хозяйство, изобретет глобальные эпидемии и профинансирует каналы средств массовой информации для создания ложной пропаганды с целью вакцинации граждан токсичной вакциной.

Перед началом Эпохи Водолея в мире умрут миллионы, и эту цену человечество заплатит чтобы проснуться, перестать верить в структуры власти, вызвать общественное возмущение, которое уничтожит правительства и любую коррумпированную индивидуальную власть, не уважающую жизнь других людей и свободу человека, с целью вступить в Эпоху Водолея.

- **Спасение животных** - Перед вступлением человечества в эпоху Водолея животных выпустят из зоопарков и цирков и вернут в природу. Сначала - в заповедники под наблюдением человека, а затем и на свободные от человека участки земли и острова. Будут приняты законы, запрещающие охоту на животных в море, в воздухе и на суше, законы, защищающие природу, возвращение человечества к первоначальному и естественному питанию, основанному на вегетарианстве и веганстве.

- **Вегетарианство и веганство** - Эпоха Водолея принесет сострадание и всеобщую любовь, жители планеты смогут понять важность животных и проявят сострадание к ним. Сначала Творец сделает так, чтобы животных нельзя было употреблять в пищу , пока не будет запрещено их есть, кроме рыбы. Творец напомнит людям, что изначально они были созданы как травоядные, и употребление мяса было связано с выживанием древнего человека в периоды засухи. Употребление в пищу животных привело к развитию человеческого вида с клыками для поедания мяса. Люди были созданы от скрещивания гориллы и инопланетянки, поэтому в отличие от животных, их пищеварительная система не приспособлена для переваривания мяса, это еще одна причина болезней, которые выявляются по мере старения организма. Употребление альтернативных молочных продуктов из кокоса/риса/миндаля. Творец изменит частоту на планете, чтобы люди перестали есть мясо животных.

- **Опреснение и повторное использование воды** - Вслед за наводнениями, разрушением природы и постоянными истощениями запасов пресной воды человек перейдет на опреснение морской воды. Сточные воды будут фильтроваться и очищаться в опреснительных установках и возвращаться в водопроводные краны в виде чистой воды или воды для орошения. Также будет налажена самостоятельная переработка потребительских товаров для повторного использования и превращение мусора в чистую энергию.

- **Зеленая энергия** - Использование природной энергии: ветра, водные потоки, солнечное тепло, тепло земли, тепло, аккумулированное на крышах и дорогах. Генерация природного и бесплатного электричества по методу Теслы. Использование природных источников для получения энергии и запрещение загрязнения и распыления вредных веществ в воду, небо, почву.

- **Ущерб от сахара и пшеницы** - Пищевая промышленность при поддержке правительства переделала большую часть натуральных ингредиентов, удалила клетчатку из муки, добавила большое количество сахара в большинство продуктов и напитков, чтобы вызвать их чрезмерное потребление. Этот ущерб создал глобальную болезнь диабета и ожирения. К началу эпохи Водолея будут приняты законы, чтобы исправить и исцелить человечество:
Запрещение введения в пищевые продукты сахара, его заменителей и искусственных подсластителей,

разрешены будут только натуральные подсластители. Запрет на использование модифицированных и не содержащих клетчатки пшеницы и злаков.

- **Растительные пестициды** - После массового перехода на органические продукты питания фермеры и фермы должны будут перейти на растительные и органические пестициды без химикатов. После тяжелого ущерба, нанесенного учеными, финансируемыми коррупционерами, ожидается резкое увеличение роста домашнего/местного сельского хозяйства на каждом участке земли, даже на крышах и балконах. Особенно выращивание в гидропонике без почвы на огромных складах, с помощью воды и воздуха, что соответствует эпохе Водолея/воздуха, в которую мы вступаем.

- **Африканский континент** - Неудача континента заключается в старомодной культуре, основанной на сочетании: безработицы и рабства женщин, гражданской войны, коррупции и особенно - поверхностного образования и низкого интеллекта (IQ), характеризующего чернокожего человека, полученная в результате гибридизации более высокого процента ДНК гориллы, и меньшего процента ДНК пришельца (в отличие от азиатов), это статистические данные подробно описаны в книге «Божественное творение». Африканские и другие страны потребуют помощи от стран с сильным загрязнением, таких как Китай и Индия, и получат эту помощь в виде передовых знаний, а также и финансовую компенсацию за экологический ущерб, причиненный их стране. Все циклично, поэтому, как только кто-то загрязняет и злоупотребляет природными ресурсами в одной части планеты - это влияет на все другие ее части.

- **Лидерство женщин** - Мы постепенно расстаемся с эпохой Рыб, в которой правили эгоистичные мужчины и принесли разрушение и разорение. В преддверии вступления человечества в Эпоху Водолея женщины окрепнут и станут лидерами: с состраданием, пониманием и справедливостью, сохранением прав человека. Упразднение правительств и удаление границ между странами с целью объединения граждан мира с миром во всем мире, который начнется на Ближнем Востоке и распространится во всем мире. Духовные женщины будут передавать высокие духовные знания, чтобы ободрять, направлять и давать надежду гражданам мира. «Начало всякого созидания – начинается с хаоса», поэтому Творец «насиловал» женщин в течение тысяч лет, чтобы спровоцировать их на восстание и прорыв, быть готовыми к лидерству в грядущую эпоху Водолея.

- **Дополнительным знаком стоящим напротив Водолея является Лев с положительной характеристикой**: знак средств массовой информации, лидерства, революций и свершения справедливости. Все это приведет к тесному технологическому общению, граждане мира будут без страха выражать свое мнение, будут созданы технологические платформы для раскрытия правды, гражданские перевороты, которые свергнут правительства и любую индивидуальную власть.

- **У Льва есть и отрицательная характеристика**: Лев также известен своей гордыней, стремлением контролировать, высказывать свое мнение и навязывать его другим - поэтому к наступлению эпохи Водолея ожидается хаос, мощь и суматоха эпохи Рыб, с которой мы расстаемся с сочетанием могучего Льва, полного безумия разваливающихся правительств и их институтов, организаций здравоохранения, помогающих «разбавлять» население, силовая полиция и медиа-каналы, транслирующие проплаченную ложь, все вышеперечисленное ускорит реализацию плана Создателя: объединит граждан, приведет к потере доверия ко всем органам власти, системам здравоохранения, а также – к развалу правительств, любой индивидуальной и коррумпированной власти.

- **Сбор оружия у граждан** - в странах, где можно свободно купить оружие, (например: США, арабские страны и т. д.) - будут приняты законы об уменьшении количества оружия и законы, запрещающие гражданским лицам свободно приобретать и владеть оружием «для самообороны». Многие гражданские будут против, но оружие у них будет насильно изъято армейскими силами, это оружие будет разобрано и возвращено.

- **Транспортные средства** - Водолей, как воздушный знак, приведет к инновациям и изобретениям транспортных средств и авиации, приводимых в движение газом или давлением воздуха на зеленой и экологически чистой энергии. Транспорт станет общественным, бесплатным и менее частным. Воздушный и подводный транспорт, для того чтобы открыть транспортные маршруты и соединить страны и континенты. Ожидаются необычные явления в небе, звуки, инопланетные самолеты и космические корабли и встречи с инопланетянами/другими формами жизни из космоса.

- **Родительская лицензия** - позволит родителям, которые прошли обучение и имеют лицензию, иметь детей, сначала этот закон будет принят в порядке гражданской оппозиции.

Прогресс человечества зависит от повышения уровня образования. Проблема заключается в поколениях родителей без высшего образования и их фиксированного мышления, которые рожают и воспитывают детей, часто остающихся без высшего образования, как и их родители. По сей день любой человек, не имеющий проблем с фертильностью, может родить столько детей, сколько пожелает, независимо от его психического, умственного, медицинского, образовательного, финансового и профессионального состояния. Таким образом, поколения большей частью остаются в одном и том же замкнутом кругу.

- **План Творца – не отбирать детей у родителей, а обучать взрослых, чтобы они стали адаптированными родителями для воспитания**

будущих поколений. Любому взрослому, желающему иметь детей и стать родителем, будет предложено пройти тесты, инструктаж и доказать свою родительскую пригодность, пока не будет одобрено сообществом, чтобы соответствовать требованиям в умственном, интеллектуальном, финансовом, образовательном, профессиональном и социальном плане для воспитания детей. Для каждого занятия и вида деятельности требуется лицензия, например: водительские права, управление летательным средством, для строительства, продаж, бизнеса, независимой деятельности, фермерства, даже для открытия продовольственного киоска и многого другого. Но по какой-то причине наличие детей никогда не требует какой-либо лицензии. Этот абсурд должен быть исправлен сегодня: родительские способности проверяются после рождения детей, а не до беременности!?

- Исцеление и диагностика волнами. Как символ Водолея в инструментах: Инфракрасные волны, ультразвук, МРТ, ультрафиолет, лазер и т. д.

- **Базы данных, память и знания** - с положительной характеристикой: копирование из клеток мозга одного человека, хранение и передача в клетки мозга другого человека, особенно перед смертью человека по завещанию, знания, накопленные человеком в течение жизни: общие, академические знания, музыкальные способности, кулинария, изучение языков, впечатления, путешествия и многое другое, эти знания, которые сможет бесплатно передать любому желающему в короткие сроки с помощью передового технологического оборудования - электродов к клеткам

- мозга - все знания будут собраны в банке для хранения и обмена глобальными знаниями.

- **Вышеизложенное имеет и отрицательную характеристику**: эта способность может быть использована коррумпированными органами власти как средство силы и контроля, которые захотят нанести ущерб человеческой жизни, похитить знания и память, заткнуть рот и нарушить процедуры, воруя или стирая память, знания или информацию.

- **Искусственный интеллект - положительная характеристика**: Производство роботов с человекоподобной внешностью и широкими исполнительскими возможностями на благо человека. **Отрицательная характеристика**: возможности роботов, которые могут контролировать своих создателей, людей - во вред им.

- **Широкое использование электронных технологий -** при минимизации технологического оборудования до нано-миллиметровых чипов и встраивании их в: живые тела, машины, инструменты, почву, воду, воздух, растения, животных и т. д., чтобы помочь, диагностировать, ремонтировать, модернизировать, лечить , двигаться и общаться. Конечно, возникнут коррумпированные силовые структуры, которые попытаются использовать эту технологию для дистанционного управления людьми.

- **Печать и изготовление частей тела и органов** внешних и внутренних, которые будут изготавливаться в типографиях и на производственных предприятиях в соответствии с ДНК любого человека (и любого животного) в качестве альтернативы донорству органов. Быстрое исцеление в течение нескольких минут или часов с помощью частотной медицины и в комбинации с передовым инопланетным технологическим оборудованием для лечения большинства типов заболеваний, вызванных вакцинами, лекарствами и инициированным правительством через отравление воздуха, воды, почвы и продуктов питания, и все это – на деньги граждан без их ведома. Те, у кого есть технические навыки, будут работать с частотными устройствами, передовым инопланетным оборудованием и будут тесно сотрудничать с медиумами и целителями.
Традиционная медицина, больницы, медицинский персонал, фармацевтические компании и министерства здравоохранения рухнут и исчезнут после раскрытия шокирующей правды, утраты общественного доверия к ним, к системам, которые инициировали или были причастны к геноциду и не предотвратили глобальный Холокост с миллионами жертв благодаря мошенничеству с коронавирусом , поэтому они станут преследуемыми и исчезнут.

- **Исцеление ума будет сочетаться с исцелением тела**. Для того, чтобы быстро исцелить физическое тело без лекарств, частотная медицина и приборостроение должны сочетаться с инопланетными технологиями,

наряду с исцелением недугов человеческой психики, силами экстрасенсов и целителей, которые диагностируют источник проблемы:

Какую карму несет человек из своих предыдущих воплощений и что он должен исправить в своем нынешнем воплощении. Таким образом, исцеление будет совершенным.

- **План Творца во вселенной и на планете Земля**: создатели (инопланетяне) - создали людей (существ) на планете Земля, с целью, чтобы люди стали творцами и создавали естественным образом улучшенные существа на планете Земля и других планетах.

- **Лишь астрологический зодиак** определяет ход жизни во вселенной и ход жизни человечества на планете Земля.

Эпоха Козерога

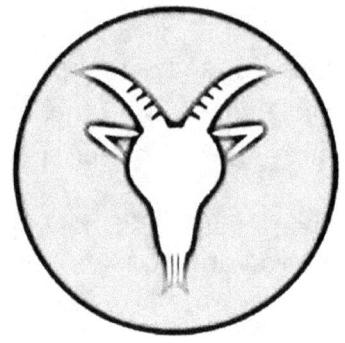

Лучи Эпохи: с 3744 года.

Начало Эпохи: с 4212 года.

Конец Эпохи Козерога: с начала Эпохи Стрельца в 6318 году.

Круг 3 - цикл 1: Эпоха возможностей, смелости, общности, общения и изобилия, а также новых начинаний, инициативы и объединения.

Лучи Эпохи Козерога всегда начинаются за 468 лет до начала следующей эпохи,
Расчет: (4212) - 468 = 3744, 3 + 7 + 4 + 4= 18, 1 + 8 = 9

Продолжительность каждой Эпохи – 2106 лет. Эпоха Козерога заканчивается следующим расчетом:
Год (4212) + 2106 = 6318, 6 + 3 + 1 + 8 = 18, 1 + 8 = 9

Сумма цифр Эпохи или Лучей Эпохи всегда равна 9 = завершение и подготовка к новому.

Козерогом управляет Сатурн (Сатурн), поэтому эта эпоха принесет пунктуальность, рамки, дисциплину и ограничения.

Характеристики Эпохи Козерога:

Положительные характеристики:
Организованность и авторитет, управление и дисциплина, честность, настойчивость и терпение.

Отрицательные характеристики:
Упрямство и самодовольство, контроль и подозрительность, неуверенность и недоверчивость.

Признаки Эпохи Козерога:

- **Освоение земель** - в сельском хозяйстве и промышленности.

- **Телепатическое общение, которое будет включать и активировать десять чувств** - с помощью интуиции и восприятия частот, окружающих все живое. Общение будет телепатическим и начнется еще в предыдущую эпоху Водолея.

- **Дополнительным знаком зодиака, противоположным Козерогу, является Рак**: поэтому ожидается положительная и отрицательная интенсивность эмоций между состраданием и любовью, и гневом и дистанцированием.

- **Женские армии против мужских армий** – Лидерство женщин будет продолжаться из предыдущей эпохи Водолея, женщины не захотят строить семейную ячейку или иметь детей, предпочитая жить в сообществе. Мужчины же захотят вернуться к жизни в семье и рожать детей естественным путем без искусственных инкубаторов. Вышеупомянутое приведет к борьбе между полами.

- **Борьба за свободу человека** - Козерог дарует свободу, но создает зависимость от другой стороны, поэтому в эту эпоху ожидается борьба за свободу.

Эпоха Стрельца

Лучи Эпохи: с 5850 года.

Начало Эпохи: с 6318 года.

Конец Эпохи Стрельца: с начала Эпохи Скорпиона в 8424 году.

Круг 8 - цикл 6: Эпоха порядка, ответственности, роста и укрепления, наряду с приверженностью делу, общностью, объединением, знанием и откровением.

Лучи Эпохи Стрельца всегда начинаются за 468 лет до начала следующей эпохи,
Расчет: (6318) - 468 = 5850, 5 + 8 + 5 + 0 = 18,   1 + 8 = 9

Продолжительность каждой Эпохи – 2106 лет. Эпоха Стрельца заканчивается следующим расчетом:
Год (6318) + 2106 = 8424, 8 + 4 + 2 + 4 = 18,   1 + 8 = 9

Сумма цифр Эпохи или Лучей Эпохи всегда равна 9 = завершение и подготовка к новому.

Стрельцом управляет планета Юпитер, поэтому ожидается, что эта эпоха будет богата технологическими инновациями, хаосом, братством и сильной потребностью в свободе и общении.

Характеристики Эпохи Стрельца:

Положительные характеристики:
Идеология и общая любовь, инновации и изобретения, свобода, мир и справедливость.

Отрицательные характеристики:
Упрямство и властность, критичность, безответственность и нетерпение.

Признаки Эпохи Стрельца:
- **Развитие связей и технологий** – коммуникация и передача знаний между жителями планеты Земля формам жизни во Вселенной и обладающим искусственным интеллектом.

- **Будет обнаружена способность материи двигаться во Вселенной** по оси света, включая передачу информации по оси света с использованием частот.

- **Дополнительным знаком Стрельца являются Близнецы**, принадлежащие к меняющимся знакам зодиака, поэтому ожидаются изобретения и наука, наряду с перепадами настроения и депрессиями, контролем и властью, борьбой и войнами.

Эпоха Скорпиона

Лучи Эпохи: с 7956 года.

Начало Эпохи: с 8424 года.

Конец Эпохи Скорпиона: с начала Эпохи Весов в 10,530 году.

Круг 5 - цикл 3: Эпоха перемен, общности, братства и справедливости, а также возможностей, смелости, общения, творчества и изобилия.

Лучи Эпохи Скорпиона всегда начинаются за 468 лет до начала следующей эпохи,
Расчет: (8424) - 468 = 7956, 7 + 9 + 5 + 6 = 27, 2 + 7 = 9

Продолжительность каждой Эпохи – 2106 лет. Эпоха Скорпиона заканчивается следующим расчетом:
Год (8424) + 2106 = 10,530, 1 + 0 + 5 + 3 + 0 = 9

Сумма цифр Эпохи или Лучей Эпохи всегда равна 9 = завершение и подготовка к новому.

Скорпионом управляет планета Плутон, поэтому эта эпоха, скорее всего, будет изобиловать активностью, делами и общностью, а также упрямством, уязвимостью, хаосом и войнами.

Характеристики Эпохи Скорпиона:

 Положительные характеристики:

Трудолюбие и забота, коммуникабельность и юмор, смелость и свобода.

 Отрицательные характеристики:

Власть и контроль, подозрительность и собственничество, упрямство, агрессия и месть.

Признаки Эпохи Скорпиона:

- **Медийный век и выход за пределы планеты Земля** для проживания в других галактиках. Оборот/замещение жителей планеты другими формами жизни во вселенной.

- **Войны, силы, контроль, разрушение, хаос**, в том числе стихийные бедствия.

- **Обогащение областей исследований и науки** при помощи обмена знаний с другими планетами, в технологических областях, создание усовершенствованных человеческих существ как результат гибридизации между различными формами жизни во Вселенной.

Эпоха Весов

Лучи Эпохи: с 10,062 года.

Начало Эпохи: с 10,530 года.

Конец Эпохи Весов: с начала Эпохи Девы в 12,636 году.
Круг 1 - цикл 8: Эпоха начинаний, идей, инициативы и объединения, наряду с порядком, ответственностью, ростом и укреплением.

Лучи Эпохи Весов всегда начинаются за 468 лет до начала следующей эпохи,
Расчет: (10,530) - 468 = 10,062, 1 + 0 + 0 + 6 + 2 = 9

Продолжительность каждой Эпохи – 2106 лет. Эпоха Весов заканчивается следующим расчетом:
Год (10,530) + 2106 = 12,636, 1 + 2 + 6 + 3 + 6 = 18, 1 + 8 = 9

Сумма цифр Эпохи или Лучей Эпохи всегда равна 9 = завершение и подготовка к новому.

Весами управляет звезда Венера, поэтому ожидается, что эта эпоха принесет справедливость, братство, мир и восстановление разрушений предыдущей эпохи.

Характеристики Эпохи Весов:

Положительные характеристики:
Справедливость и независимость, коммуникация и дипломатия, социальное и духовное.

    Отрицательные характеристики:
Сила и трудности в принятии решений, неискренность и перепады настроения.

Признаки Эпохи Весов:

- **Эпоха исправления, восстановления порядка и единства.** Весы входят в состав переменчивых знаков зодиака, поэтому могут прибегать к большой силе, манипуляциям и настроениям.

- **Межпланетная связь и братство** между существами Творца и существами во вселенной.

- **Перемещения в космосе** – межзвездная гибридизация человеческих видов и создание передовых межгалактических человеческих рас.

Эпоха Девы

Лучи Эпохи: с 12,168 года.

Начало Эпохи: с 12,636 года.

Конец Эпохи Девы: с начала Эпохи Льва в 14,742 году.
Круг 6 - цикл 4: Эпоха приверженности, заботы, единства, откровения и знаний, наряду с порядком, созиданием, ростом и укреплением.

Лучи Эпохи Девы всегда начинаются за 468 лет до начала следующей эпохи,
Расчет: (12,636) - 468 = 12,168, 1 + 2 + 1 + 6 + 8 = 18, 1 + 8 = 9

Продолжительность каждой Эпохи - 2106 лет. Эпоха Девы заканчивается следующим расчетом:
Год (12,636) + 2106 = 14,742, 1 + 4 + 7 + 4 + 2 = 18, 1 + 8 = 9

Сумма цифр Эпохи или Лучей Эпохи всегда равна 9 = завершение и подготовка к новому.

Девой управляет звезда Меркурий, поэтому в этот век ожидаются технологические инновации, объединение, образование и галактические знания.

Характеристики Эпохи Девы:

Положительные характеристики:
Трудолюбие и скромность, пунктуальность и любознательность, память, образованность и новаторство.

 Отрицательные характеристики:
Упрямство и критичность, высокомерие и подозрительность, ранимость и одиночество.

Признаки Эпохи Девы:

- **Динамичная Эпоха** - Межгалактическое сотрудничество, которое приведет к разработкам, инновациям и изобретениям, знаниям и революционным технологиям.

- **Гибридизация и создание человеческих видов** - между роботами и модернизированными людьми, а также с межзвездными формами жизни, а также переходы между галактиками. Упрямство Девы приведет к хаосу и войнам к концу эпохи.

Эпоха Льва

Лучи Эпохи: с 14,274 года   -- **Круг 2 - цикл 9**.

Начало Эпохи: с 14,742 года   -- **Круг 3 - цикл 1**.

Конец Эпохи Льва: с начала Эпохи Рака в 16,848 году.
Эпоха – Исключение = Лучи эпохи не соответствуют эпохе. Лучи эпохи принесут разрушение и хаос, а сама эпоха принесет с собой исправление, общность, общение и объединение.

Лучи Эпохи Льва всегда начинаются за 468 лет до начала следующей эпохи,
Расчет: (14,742) - 468 = 14,274, 1 + 4 + 2 + 7 + 4 = 18, 1 + 8 = 9

Продолжительность каждой Эпохи – 2106 лет. Эпоха Льва заканчивается следующим расчетом:
Год (14,742) + 2106 = 16,848, 1 + 6 + 8 + 4 + 8 = 27, 2 + 7 = 9

Сумма цифр Эпохи или Лучей Эпохи всегда равна 9 = завершение и подготовка к новому.

Львом управляет Солнце, которое отвечает за жизнь, но оно также может обжигать и убивать. Лучи эпохи Льва предвещают разрушение и хаос в преддверии нового созидания, а начало эпохи предвещает братство, общение и лидерство.

Характеристики Эпохи Льва:

 Положительные характеристики:
Лидерство и верность, общительность и щедрость, радость и оптимизм.

 Отрицательные характеристики:
Власть, контроль и зависть, гордость, уязвимость и саморазрушение.

Признаки Эпохи Льва:

- **Необычная и двойственная эпоха** - Лучи Эпохи Льва возвещают хаос, а сама Эпоха Льва придет все исправить. Вышеприведенный хаос может намекать на: 1. Начало нового циклического витка в зодиаке 2. Или вымирание человечества на планете из-за удара метеорита.

  Причина этого заключается в замене цифр:
  Лучи Эпохи: 14,**274**,   Начало Эпохи: 14,**742**.

- **Эпоха обмена и общения** - сначала через хаос и понимании пределов силы и разрушения, к братству между всеми сотворенными существами.

Эпоха Рака

Лучи Эпохи: с 16,380 года.

Начало Эпохи: с 16,848 года.

Конец Эпохи Рака: с начала Эпохи Близнецов в 18,954 году.
Круг 8 - цикл 6: Эпоха порядка, ответственности, роста и укрепления вместе с общностью, единством, откровением и знанием.

Лучи Эпохи Рака всегда начинаются за 468 лет до начала следующей эпохи,
Расчет: (16,848) - 468 = 16,380, 1 + 6 + 3 + 8 + 0 = 18, 1 + 8 = 9

Продолжительность каждой Эпохи – 2106 лет. Эпоха Рака заканчивается следующим расчетом:
Год (16,848) + 2106 = 18,954,   1 + 8 + 9 + 5 + 4 = 27, 2 + 7 = 9

Сумма цифр Эпохи или Лучей Эпохи всегда равна 9 = завершение и подготовка к новому.

Рак управляется Луной, поэтому его поступки исходят из сострадания, заботы и любви, но он непоследователен, уязвим и капризен.

Характеристики Эпохи Рака:

**Положительные характеристики:**
Лидерство и благотворительность, консерватизм и мир, творчество и братство.

   Отрицательные характеристики:
Чувствительность и ранимость, упрямство и лень, капризы и грусть.

Признаки Эпохи Рака:

- **Установление мира между существами Создателя** и восстановление порядка после разрушений Эпохи Льва .

- **Руководство планеты Земля** - перейдет к межгалактическим представительствам, которые будут руководить хитроумным способом – то по принципу властного контроля, то по принципу дружеского братства.

- **Планета будет населена улучшенными формами жизни из вселенной** - которые также будут населять и другие планеты.

Эпоха Близнецов

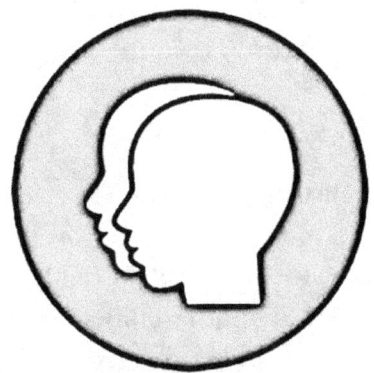

Лучи Эпохи: с 18,486 года.

Начало Эпохи: с 16,954 года.

Конец Эпохи Близнецов: с начала Эпохи Тельца в 21,060 году.
Круг 4 - цикл 2: Эпоха порядка, роста и укрепления, наряду со знаниями, общением и медленным ростом. Эта эпоха завершает круг из 12 знаков зодиака.

Лучи Эпохи Близнецов всегда начинаются за 468 лет до начала следующей эпохи,
Расчет: (18,954) - 468 = 18,486, 1 + 8 + 4 + 8 + 6 = 27, 2 + 7 = 9

Продолжительность каждой Эпохи – 2106 лет. Эпоха Близнецов заканчивается следующим расчетом:
Год (18,954) + 2106 = 21,060, 2 + 1 + 0 + 6 + 0 = 9

Сумма цифр Эпохи или Лучей Эпохи всегда равна 9 = завершение и подготовка к новому.

Близнецы управляются планетой Меркурий, поэтому в этот век ожидается развитие знаний, образования, коммуникации и стратегического планирования, наряду со стремлением к контролю, манипулированию и разрушению.

Характеристики Эпохи Близнецов:

Положительные характеристики:
Коммуникабельность и общительность, любознательность и деловитость, оптимизм и юмор.

  Отрицательные характеристики:
Критика и перепады настроения, неискренность, гордость и власть.

Признаки Эпохи Близнецов:

- **Близнецы относятся к переменчивым знакам зодиака** - поэтому ожидаются динамичные и неустойчивые изменения, которые затронут человечество на планете, между разрушением и опустошением и - восстановлением и надеждой.

- **Забота о целом, сотрудничество в обмене знаний и образования** - между существами Творца посредством телепатического общения, манипуляции и нестабильные решения.

Глава 4
Таблицы расчета Эпохи

Таблицы расчета Эпохи

Цикличность Эпохи каждые 52 года: С конца (27 лет) К началу (25 лет) В бесконечных круговых циклах	Цикл 52 = 27 лет и 25 лет	При сложении цифр года - получается номер круга или цикла от цифры 1 до 9	
		С года ➡	**До года**
С 4707 по 4655 год до н. э. Лучи эпохи всегда освещают 468 лет до начала каждой эпохи. **4680** год = **468** ! 27-й год всегда повторяется дважды для исправления, поэтому **(-)4680** год появляется и в верхней, и в нижней строке. **(-)4680 год** **Начало лучей** Эпохи Тельца **27 лет в цикле 9:** Для замыкания круга перед новым стартом. **25 лет в цикле 2:** Для хаоса, знаний, общения и медленного роста.	27 лет	**(-)4707** **9** 4707 - 27 = 4680 4 + 6 + 8 + 0 = 9	**(-)4680** **9** 4 + 6 + 8 + 0 = 9
	25 лет	**(-)4680** **9** 4680 - 25 = 4655 4 + 6 + 8 + 0 = 9	**(-)4655** **2** 4 + 6 + 5 + 5 = 9 <u>Отнимаем 1:</u> 4655 - 1 = 4654
С 4654 по 4602 год до н. э. 27-й год всегда повторяется дважды для исправления, поэтому **4627** год появляется и в верхней, и в нижней строке. **27 лет в цикле 1:** Для начинаний, идей, инициативы и объединения. **25 лет в цикле 3:** Для возможностей, сообщества, общения и изобилия.	27 лет	**(-)4654** **1** 4654 - 27 = 4627 4 + 6 + 5 + 4 = 1	**(-)4627** **1** 4 + 6 + 2 + 7 = 1
	25 лет	**(-)4627** **1** 4627 - 25 = 4602 4 + 6 + 2 + 7 = 1	**(-)4602** **3** 4 + 6 + 0 + 2 = 3 <u>Отнимаем 1:</u> 4602 - 1 = 4601

С 4601 по 4549 год до н. э. 27-й год всегда повторяется дважды для исправления: 4574 год появляется и в верхней, и в нижней строке. <u>27 лет в цикле 2</u>: Для хаоса, знаний, общения и медленного роста. <u>25 лет в цикле 4</u>: Для порядка, роста, развития и укрепления.	27 лет	(-)4601 **2** 4601 - 27 = 4574 4 + 6 + 0 + 1 = 2	(-)4574 **2** 4 + 5 + 7 + 4 = 2
	25 лет	(-)4574 **2** 4574 - 25 = 4549	(-)4549 **4** 4 + 5 + 4 + 9 = 4
С 4548 по 4496 год до н. э. <u>27 лет в цикле 3</u>: Для возможностей, сообщества, общения и изобилия. <u>25 лет в цикле 5</u>: Для единства, порядка, демонтажа старого и восстановления справедливости.	27 лет	(-)4548 **3**	(-)4521 **3**
	25 лет	(-)4521 **3**	(-)4496 **5**
С 4495 по 4443 год до н. э. <u>27 лет в цикле 4</u>: Для порядка, роста, развития и укрепления. <u>25 лет в цикле 6</u>: Для обязательств, сообществ, объединения, знаний и открытий.	27 лет	(-)4495 **4**	(-)4468 **4**
	25 лет	(-)4468 **4**	(-)4443 **6**
С 4442 по 4390 год до н. э. <u>27 лет в цикле 5</u>: Для единства, порядка, демонтажа старого и восстановления справедливости. <u>25 лет в цикле 7</u>: Для исправления, духовности, Творец вмешивается во благо.	27 лет	(-)4442 **5**	(-)4415 **5**
	25 лет	(-)4415 **5**	(-)4390 **7**

С 4389 по 4337 год до н. э. **27** лет в цикле **6**: Для обязательств, сообществ, объединения, знаний и открытий. **25** лет в цикле **8**: Для обратной связи, порядка, ответственности, роста и укрепления.	27 лет	(-)4389 **6**	(-)4362 **6**
	25 лет	(-)4362 **6**	(-)4337 **8**
С 4336 по 4284 год до н. э. **27** лет в цикле **7**: Для исправления, духовности, Творец вмешивается во благо. **25** лет в цикле **9**: Для замыкания круга перед новым стартом.	27 лет	(-)4336 **7**	(-)4309 **7**
	25 лет	(-)4309 **7**	(-)4284 **9**
С 4283 по 4231 год до н. э. **27** лет в цикле **8**: Для обратной связи, порядка, ответственности, роста и укрепления. **25** лет в цикле **1**: Для начинаний, идей, инициативы и объединения.	27 лет	(-)4283 **8**	(-)4256 **8**
	25 лет	(-)4256 **8**	(-)4231 **1**
С 4230 по 4178 год до н. э. **(-)4212 год** **Начало Эпохи Тельца** 4230 – 9 – 9 = 4212 **27** лет в цикле **9**: Для замыкания круга перед новым стартом. **25** лет в цикле **2**: Для хаоса, знаний, общения и медленного роста.	27 лет	(-)4230 **9**	(-)4203 **9**
	25 лет	(-)4203 **9**	(-)4178 **2**

С 4177 по 4125 год до н. э. 27 лет в цикле **1**: Для начинаний, идей, инициативы и объединения. 25 лет в цикле **3**: Для возможностей, сообщества, общения и изобилия.	27 лет	(-)4177 **1**	(-)4150 **1**
	25 лет	(-)4150 **1**	(-)4125 **3**
С 4124 по 4072 год до н. э. 27 лет в цикле **2**: Для хаоса, знаний, общения и медленного роста. 25 лет в цикле **4**: Для порядка, роста, развития и укрепления.	27 лет	(-)4124 **2**	(-)4097 **2**
	25 лет	(-)4097 **2**	(-)4072 **4**
С 4071 по 4019 год до н. э. 27 лет в цикле **3**: Для возможностей, сообщества, общения и изобилия. 25 лет в цикле **5**: Для единства, порядка, демонтажа старого и восстановления справедливости.	27 лет	(-)4071 **3**	(-)4044 **3**
	25 лет	(-)4044 **3**	(-)4019 **5**
С 4018 по 3966 год до н. э. 27 лет в цикле **4**: Для порядка, роста, развития и укрепления. 25 лет в цикле **6**: Для обязательств, сообществ, объединения, знаний и открытий.	27 лет	(-)4018 **4**	(-)3991 **4**
	25 лет	(-)3991 **4**	(-)3966 **6**

С 3965 по 3913 год до н. э. 27 лет в цикле **5**: Для единства, порядка, демонтажа старого и восстановления справедливости. 25 лет в цикле **7**: Для исправления, духовности, Творец вмешивается во благо.	27 лет	(-)3965 **5**	(-)3938 **5**
	25 лет	(-)3938 **5**	(-)3913 **7**
С 3912 по 3860 год до н. э. 27 лет в цикле **6**: Для обязательств, сообществ, объединения, знаний и открытий. 25 лет в цикле **8**: Для обратной связи, порядка, ответственности, роста и укрепления.	27 лет	(-)3912 **6**	(-)3885 **6**
	25 лет	(-)3885 **6**	(-)3860 **8**
С 3859 по 3807 год до н. э. 27 лет в цикле **7**: Для исправления, духовности, Творец вмешивается во благо. 25 лет в цикле **9**: Для замыкания круга перед новым стартом.	27 лет	(-)3859 **7**	(-)3832 **7**
	25 лет	(-)3832 **7**	(-)3807 **9**
С 3806 по 3754 год до н. э. 27 лет в цикле **8**: Для обратной связи, порядка, ответственности, роста и укрепления. 25 лет в цикле **1**: Для начинаний, идей, инициативы и объединения.	27 лет	(-)3806 **8**	(-)3779 **8**
	25 лет	(-)3779 **8**	(-)3754 **1**

С 3753 по 3701 год до н. э. **27** лет в цикле **9**: Для замыкания круга перед новым стартом. **25** лет в цикле **2**: Для хаоса, знаний, общения и медленного роста.	27 лет	(-)3753 **9**	(-)3726 **9**
	25 лет	(-)3726 **9**	(-)3701 **2**
С 3700 по 3648 год до н. э. **27** лет в цикле **1**: Для начинаний, идей, инициативы и объединения. **25** лет в цикле **3**: Для возможностей, сообщества, общения и изобилия.	27 лет	(-)3700 **1**	(-)3673 **1**
	25 лет	(-)3673 **1**	(-)3648 **3**
С 3647 по 3595 год до н. э. **27** лет в цикле **2**: Для хаоса, знаний, общения и медленного роста. **25** лет в цикле **4**: Для порядка, роста, развития и укрепления.	27 лет	(-)3647 **2**	(-)3620 **2**
	25 лет	(-)3620 **2**	(-)3595 **4**
С 3594 по 3542 год до н. э. **27** лет в цикле **3**: Для возможностей, сообщества, общения и изобилия. **25** лет в цикле **5**: Для единства, порядка, демонтажа старого и восстановления справедливости.	27 лет	(-)3594 **3**	(-)3567 **3**
	25 лет	(-)3567 **3**	(-)3542 **5**

С 3541 по 3489 год до н. э. __27 лет в цикле **4**__: Для порядка, роста, развития и укрепления. __25 лет в цикле **6**__: Для обязательств, сообществ, объединения, знаний и открытий.	27 лет	(-)3541 **4**	(-)3514 **4**
	25 лет	(-)3514 **4**	(-)3489 **6**
С 3488 по 3436 год до н. э. __27 лет в цикле **5**__: Для единства, порядка, демонтажа старого и восстановления справедливости. __25 лет в цикле **7**__: Для исправления, духовности, Творец вмешивается во благо.	27 лет	(-)3488 **5**	(-)3461 **5**
	25 лет	(-)3461 **5**	(-)3436 **7**
С 3435 по 3383 год до н. э. __27 лет в цикле **6**__: Для обязательств, сообществ, объединения, знаний и открытий. __25 лет в цикле **8**__: Для обратной связи, порядка, ответственности, роста и укрепления.	27 лет	(-)3435 **6**	(-)3408 **6**
	25 лет	(-)3408 **6**	(-)3383 **8**
С 3382 по 3330 год до н. э. __27 лет в цикле **7**__: Для исправления, духовности, Творец вмешивается во благо. __25 лет в цикле **9**__: Для замыкания круга перед новым стартом.	27 лет	(-)3382 **7**	(-)3355 **7**
	25 лет	(-)3355 **7**	(-)3330 **9**

С 3329 по 3277 год до н. э.	27 лет	(-)3329 **8**	(-)3302 **8**
27 лет в цикле 8: Для обратной связи, порядка, ответственности, роста и укрепления. **25 лет в цикле 1**: Для начинаний, идей, инициативы и объединения.	25 лет	(-)3302 **8**	(-)3277 **1**
С 3276 по 3224 год до н. э.	27 лет	(-)3276 **9**	(-)3249 **9**
27 лет в цикле 9: Для замыкания круга перед новым стартом. **25 лет в цикле 2**: Для хаоса, знаний, общения и медленного роста.	25 лет	(-)3249 **9**	(-)3224 **2**
С 3223 по 3171 год до н. э.	27 лет	(-)3223 **1**	(-)3196 **1**
27 лет в цикле 1: Для начинаний, идей, инициативы и объединения. **25 лет в цикле 3**: Для возможностей, сообщества, общения и изобилия.	25 лет	(-)3196 **1**	(-)3171 **3**
С 3170 по 3118 год до н. э.	27 лет	(-)3170 **2**	(-)3143 **2**
27 лет в цикле 2: Для хаоса, знаний, общения и медленного роста. **25 лет в цикле 4**: Для порядка, роста, развития и укрепления.	25 лет	(-)3143 **2**	(-)3118 **4**

С 3117 по 3065 год до н. э. **27** лет в цикле **3**: Для возможностей, сообщества, общения и изобилия. **25** лет в цикле **5**: Для единства, порядка, демонтажа старого и восстановления справедливости.	27 лет	(-)3117 **3**	(-)3090 **3**
	25 лет	(-)3090 **3**	(-)3065 **5**
С 3064 по 3012 год до н. э. **27** лет в цикле **4**: Для порядка, роста, развития и укрепления. **25** лет в цикле **6**: Для обязательств, сообществ, объединения, знаний и открытий.	27 лет	(-)3064 **4**	(-)3037 **4**
	25 лет	(-)3037 **4**	(-)3012 **6**
С 3011 по 2959 год до н. э. **27** лет в цикле **5**: Для единства, порядка, демонтажа старого и восстановления справедливости. **25** лет в цикле **7**: Для исправления, духовности, Творец вмешивается во благо.	27 лет	(-)3011 **5**	(-)2984 **5**
	25 лет	(-)2984 **5**	(-)2959 **7**
С 2958 по 2906 год до н. э. **27** лет в цикле **6**: Для обязательств, сообществ, объединения, знаний и открытий. **25** лет в цикле **8**: Для обратной связи, порядка, ответственности, роста и укрепления.	27 лет	(-)2958 **6**	(-)2931 **6**
	25 лет	(-)2931 **6**	(-)2906 **8**

С 2905 по 2853 год до н. э. <u>27 лет в цикле **7**</u>: Для исправления, духовности, Творец вмешивается во благо. <u>25 лет в цикле **9**</u>: Для замыкания круга перед новым стартом.	27 лет	(-)2905 **7**	(-)2878 **7**
	25 лет	(-)2878 **7**	(-)2853 **9**
С 2852 по 2800 год до н. э. <u>27 лет в цикле **8**</u>: Для обратной связи, порядка, ответственности, роста и укрепления. <u>25 лет в цикле **1**</u>: Для начинаний, идей, инициативы и объединения.	27 лет	(-)2852 **8**	(-)2825 **8**
	25 лет	(-)2825 **8**	(-)2800 **1**
С 2799 по 2747 год до н. э. <u>27 лет в цикле **9**</u>: Для замыкания круга перед новым стартом. <u>25 лет в цикле **2**</u>: Для хаоса, знаний, общения и медленного роста.	27 лет	(-)2799 **9**	(-)2772 **9**
	25 лет	(-)2772 **9**	(-)2747 **2**
С 2746 по 2694 год до н. э. <u>27 лет в цикле **1**</u>: Для начинаний, идей, инициативы и объединения. <u>25 лет в цикле **3**</u>: Для возможностей, сообщества, общения и изобилия.	27 лет	(-)2746 **1**	(-)2719 **1**
	25 лет	(-)2719 **1**	(-)2694 **3**

С 2693 по 2641 год до н. э. <u>27 лет в цикле **2**</u>: Для хаоса, знаний, общения и медленного роста. <u>25 лет в цикле **4**</u>: Для порядка, роста, развития и укрепления.	27 лет	(-)2693 **2**	(-)2666 **2**
	25 лет	(-)2666 **2**	(-)2641 **4**
С 2640 по 2588 год до н. э. <u>27 лет в цикле **3**</u>: Для возможностей, сообщества, общения и изобилия. <u>25 лет в цикле **5**</u>: Для единства, порядка, демонтажа старого и восстановления справедливости.	27 лет	(-)2640 **3**	(-)2613 **3**
	25 лет	(-)2613 **3**	(-)2588 **5**
С 2587 по 2535 год до н. э. **(-)2574 год** **Начало Лучей Эпохи Овна** <u>27 лет в цикле **4**</u>: Для порядка, роста, развития и укрепления. <u>25 лет в цикле **6**</u>: Для обязательств, сообществ, объединения, знаний и открытий.	27 лет	(-)2587 **4**	(-)2560 **4**
	25 лет	(-)2560 **4**	(-)2535 **6**
С 2534 по 2482 год до н. э. <u>27 лет в цикле **5**</u>: Для единства, порядка, демонтажа старого и восстановления справедливости. <u>25 лет в цикле **7**</u>: Для исправления, духовности, Творец вмешивается во благо.	27 лет	(-)2534 **5**	(-)2507 **5**
	25 лет	(-)2507 **5**	(-)2482 **7**

С 2481 по 2429 год до н. э. 27 лет в цикле **6**: Для хаоса, знаний, общения и медленного роста. 25 лет в цикле **8**: Для порядка, роста, развития и укрепления.	27 лет	(-)2481 **6**	(-)2454 **6**
	25 лет	(-)2454 **6**	(-)2429 **8**
С 2428 по 2376 год до н. э. 27 лет в цикле **7**: Для возможностей, сообщества, общения и изобилия. 25 лет в цикле **9**: Для единства, порядка, демонтажа старого и восстановления справедливости.	27 лет	(-)2428 **7**	(-)2401 **7**
	25 лет	(-)2401 **7**	(-)2376 **9**
С 2375 по 2323 год до н. э. 27 лет в цикле **8**: Для порядка, роста, развития и укрепления. 25 лет в цикле **1**: Для обязательств, сообществ, объединения, знаний и открытий.	27 лет	(-) 2375 **8**	(-)2348 **8**
	25 лет	(-)2348 **8**	(-)2323 **1**
С 2322 по 2270 год до н. э. 27 лет в цикле **9**: Для единства, порядка, демонтажа старого и восстановления справедливости. 25 лет в цикле **2**: Для исправления, духовности, Творец вмешивается во благо.	27 лет	(-)2322 **9**	(-)2295 **9**
	25 лет	(-)2295 **9**	(-)2270 **2**

С 2269 по 2217 год до н. э. <u>27 лет в цикле 1</u>: Для начинаний, идей, инициативы и объединения. <u>25 лет в цикле 3</u>: Для возможностей, сообщества, общения и изобилия.	27 лет	(-)2269 **1**	(-)2242 **1**
	25 лет	(-)2242 **1**	(-)2217 **3**
С 2216 по 2164 год до н. э. <u>27 лет в цикле 2</u>: Для хаоса, знаний, общения и медленного роста. <u>25 лет в цикле 4</u>: Для порядка, роста, развития и укрепления.	27 лет	(-)2216 **2**	(-)2189 **2**
	25 лет	(-)2189 **2**	(-)2164 **4**
С 2163 по 2111 год до н. э. <u>27 лет в цикле 3</u>: Для возможностей, сообщества, общения и изобилия. <u>25 лет в цикле 5</u>: Для единства, порядка, демонтажа старого и восстановления справедливости.	27 лет	(-)2163 **3**	(-)2136 **3**
	25 лет	(-)2136 **3**	(-)2111 **5**
С 2110 по 2058 год до н. э. **(-)2106 год** <u>**Начало Эпохи Овна**</u> <u>27 лет в цикле 4</u>: Для порядка, роста, развития и укрепления. <u>25 лет в цикле 6</u>: Для обязательств, сообществ, объединения, знаний и открытий.	27 лет	(-)2110 **4**	(-)2083 **4**
	25 лет	(-)2083 **4**	(-)2058 **6**

С 2057 по 2005 год до н. э. _27 лет в цикле_ **5**: Для единства, порядка, демонтажа старого и восстановления справедливости. _25 лет в цикле_ **7**: Для исправления, духовности, Творец вмешивается во благо.	27 лет	(-)2057 **5**	(-)2030 **5**
	25 лет	(-)2030 **5**	(-)2005 **7**
С 2004 по 1952 год до н. э. _27 лет в цикле_ **6**: Для обязательств, сообществ, объединения, знаний и открытий. _25 лет в цикле_ **8**: Для обратной связи, порядка, ответственности, роста и укрепления.	27 лет	(-)2004 **6**	(-)1977 **6**
	25 лет	(-)1977 **6**	(-)1952 **8**
С 1951 по 1899 год до н. э. _27 лет в цикле_ **7**: Для исправления, духовности, Творец вмешивается во благо. _25 лет в цикле_ **9**: Для замыкания круга перед новым стартом.	27 лет	(-)1951 **7**	(-)1924 **7**
	25 лет	(-)1924 **7**	(-)1899 **9**
С 1898 по 1846 год до н. э. _27 лет в цикле_ **8**: Для обратной связи, порядка, ответственности, роста и укрепления. _25 лет в цикле_ **1**: Для начинаний, идей, инициативы и объединения.	27 лет	(-)1898 **8**	(-)1871 **8**
	25 лет	(-)1871 **8**	(-)1846 **1**

С 1845 по 1793 год до н. э. _27 лет в цикле **9**_: Для замыкания круга перед новым стартом. _25 лет в цикле **2**_: Для хаоса, знаний, общения и медленного роста.	27 лет	(-)1845 **9**	(-)1818 **9**
	25 лет	(-)1818 **9**	(-)1793 **2**
С 1792 по 1740 год до н. э. _27 лет в цикле **1**_: Для начинаний, идей, инициативы и объединения. _25 лет в цикле **3**_: Для возможностей, сообщества, общения и изобилия.	27 лет	(-)1792 **1**	(-)1765 **1**
	25 лет	(-)1765 **1**	(-)1740 **3**
С 1739 по 1687 год до н. э. _27 лет в цикле **2**_: Для хаоса, знаний, общения и медленного роста. _25 лет в цикле **4**_: Для порядка, роста, развития и укрепления.	27 лет	(-)1739 **2**	(-)1712 **2**
	25 лет	(-)1712 **2**	(-)1687 **4**
С 1686 по 1634 год до н. э. _27 лет в цикле **3**_: Для возможностей, сообщества, общения и изобилия. _25 лет в цикле **5**_: Для единства, порядка, демонтажа старого и восстановления справедливости.	27 лет	(-)1686 **3**	(-)1659 **3**
	25 лет	(-)1659 **3**	(-)1634 **5**

С 1633 по 1581 год до н. э. 27 лет в цикле **4**: Для порядка, роста, развития и укрепления. 25 лет в цикле **6**: Для обязательств, сообществ, объединения, знаний и открытий.	27 лет	(-)1633 **4**	(-)1606 **4**
	25 лет	(-)1606 **4**	(-)1581 **6**
С 1580 по 1528 год до н. э. 27 лет в цикле **5**: Для единства, порядка, демонтажа старого и восстановления справедливости. 25 лет в цикле **7**: Для исправления, духовности, Творец вмешивается во благо.	27 лет	(-)1580 **5**	(-)1553 **5**
	25 лет	(-)1553 **5**	(-)1528 **7**
С 1527 по 1475 год до н. э. 27 лет в цикле **6**: Для обязательств, сообществ, объединения, знаний и открытий. 25 лет в цикле **8**: Для обратной связи, порядка, ответственности, роста и укрепления.	27 лет	(-)1527 **6**	(-)1500 **6**
	25 лет	(-)1500 **6**	(-)1475 **8**
С 1474 по 1422 год до н. э. 27 лет в цикле **7**: Для исправления, духовности, Творец вмешивается во благо. 25 лет в цикле **9**: Для замыкания круга перед новым стартом.	27 лет	(-)1474 **7**	(-)1447 **7**
	25 лет	(-)1447 **7**	(-)1422 **9**

С 1421 по 1369 год до н. э. 27 лет в цикле **8**: Для обратной связи, порядка, ответственности, роста и укрепления. 25 лет в цикле **1**: Для начинаний, идей, инициативы и объединения.	27 лет	(-)1421 **8**	(-)1394 **8**
	25 лет	(-)1394 **8**	(-)1369 **1**
С 1368 по 1316 год до н. э. 27 лет в цикле **9**: Для замыкания круга перед новым стартом. 25 лет в цикле **2**: Для хаоса, знаний, общения и медленного роста.	27 лет	(-)1368 **9**	(-)1341 **9**
	25 лет	(-)1341 **9**	(-)1316 **2**
С 1315 по 1263 год до н. э. 27 лет в цикле **1**: Для начинаний, идей, инициативы и объединения. 25 лет в цикле **3**: Для возможностей, сообщества, общения и изобилия.	27 лет	(-)1315 **1**	(-)1288 **1**
	25 лет	(-)1288 **1**	(-)1263 **3**
С 1262 по 1210 год до н. э. 27 лет в цикле **2**: Для хаоса, знаний, общения и медленного роста. 25 лет в цикле **4**: Для порядка, роста, развития и укрепления.	27 лет	(-)1262 **2**	(-)1235 **2**
	25 лет	(-)1235 **2**	(-)1210 **4**

С 1209 по 1157 год до н. э. **27** лет в цикле **3**: Для возможностей, сообщества, общения и изобилия. **25** лет в цикле **5**: Для единства, порядка, демонтажа старого и восстановления справедливости.	27 лет	(-)1209 **3**	(-)1182 **3**
	25 лет	(-)1182 **3**	(-)1157 **5**
С 1156 по 1104 год до н. э. **27** лет в цикле **4**: Для порядка, роста, развития и укрепления. **25** лет в цикле **6**: Для обязательств, сообществ, объединения, знаний и открытий.	27 лет	(-)1156 **4**	(-)1129 **4**
	25 лет	(-)1129 **4**	(-)1104 **6**
С 1103 по 1051 год до н. э. **27** лет в цикле **5**: Для единства, порядка, демонтажа старого и восстановления справедливости. **25** лет в цикле **7**: Для исправления, духовности, Творец вмешивается во благо.	27 лет	(-)1103 **5**	(-)1076 **5**
	25 лет	(-)1076 **5**	(-)1051 **7**
С 1050 по 998 год до н. э. **27** лет в цикле **6**: Для обязательств, сообществ, объединения, знаний и открытий. **25** лет в цикле **8**: Для обратной связи, порядка, ответственности, роста и укрепления.	27 лет	(-)1050 **6**	(-)1023 **6**
	25 лет	(-)1023 **6**	(-)998 **8**

С 997 по 945 год до н. э. _27 лет в цикле **7**_: Для исправления, духовности, Творец вмешивается во благо. _25 лет в цикле **9**_: Для замыкания круга перед новым стартом.	27 лет	(-)997 **7**	(-)970 **7**
	25 лет	(-)970 **7**	(-)945 **9**
С 944 по 892 год до н. э. _27 лет в цикле **8**_: Для обратной связи, порядка, ответственности, роста и укрепления. _25 лет в цикле **1**_: Для начинаний, идей, инициативы и объединения.	27 лет	(-)944 **8**	(-)917 **8**
	25 лет	(-)917 **8**	(-)892 **1**
С 891 по 839 год до н. э. _27 лет в цикле **9**_: Для замыкания круга перед новым стартом. _25 лет в цикле **2**_: Для хаоса, знаний, общения и медленного роста.	27 лет	(-)891 **9**	(-)864 **9**
	25 лет	(-)864 **9**	(-)839 **2**
С 838 по 786 год до н. э. _27 лет в цикле **1**_: Для начинаний, идей, инициативы и объединения. _25 лет в цикле **3**_: Для возможностей, сообщества, общения и изобилия.	27 лет	(-)838 **1**	(-)811 **1**
	25 лет	(-)811 **1**	(-)786 **3**

С 785 по 733 год до н. э. _27 лет в цикле **2**_: Для хаоса, знаний, общения и медленного роста. _25 лет в цикле **4**_: Для порядка, роста, развития и укрепления.	27 лет	(-)785 **2**	(-)758 **2**
	25 лет	(-)758 **2**	(-)733 **4**
С 732 по 680 год до н. э. _27 лет в цикле **3**_: Для возможностей, сообщества, общения и изобилия. _25 лет в цикле **5**_: Для единства, порядка, демонтажа старого и восстановления справедливости.	27 лет	(-)732 **3**	(-)705 **3**
	25 лет	(-)705 **3**	(-)680 **5**
С 679 по 627 год до н. э. _27 лет в цикле **4**_: Для порядка, роста, развития и укрепления. _25 лет в цикле **6**_: Для обязательств, сообществ, объединения, знаний и открытий.	27 лет	(-)679 **4**	(-)652 **4**
	25 лет	(-)652 **4**	(-)627 **6**
С 626 по 574 год до н. э. _27 лет в цикле **5**_: Для единства, порядка, демонтажа старого и восстановления справедливости. _25 лет в цикле **7**_: Для исправления, духовности, Творец вмешивается во благо.	27 лет	(-)626 **5**	(-)599 **5**
	25 лет	(-)599 **5**	(-)574 **7**

С 573 по 521 год до н. э. <u>27 лет в цикле</u> **6**: Для обязательств, сообществ, объединения, знаний и открытий. <u>25 лет в цикле</u> **8**: Для обратной связи, порядка, ответственности, роста и укрепления.	27 лет	(-)573 **6**	(-)546 **6**
	25 лет	(-)546 **6**	(-)521 **8**
С 520 по 468 год до н. э. **(-)468 год** **Начало Лучей Эпохи Рыб** <u>27 лет в цикле</u> **7**: Для исправления, духовности, Творец вмешивается во благо. <u>25 лет в цикле</u> **9**: Для замыкания круга перед новым стартом.	27 лет	(-)520 **7**	(-)493 **7**
	25 лет	(-)493 **7**	(-)468 **9**
С 467 по 415 год до н. э. <u>27 лет в цикле</u> **8**: Для обратной связи, порядка, ответственности, роста и укрепления. <u>25 лет в цикле</u> **1**: Для начинаний, идей, инициативы и объединения.	27 лет	(-)467 **8**	(-)440 **8**
	25 лет	(-)440 **8**	(-)415 **1**
С 414 по 362 год до н. э. <u>27 лет в цикле</u> **9**: Для замыкания круга перед новым стартом. <u>25 лет в цикле</u> **2**: Для хаоса, знаний, общения и медленного роста.	27 лет	(-)414 **9**	(-)387 **9**
	25 лет	(-)387 **9**	(-)362 **2**

С 361 по 309 год до н. э. 27 лет в цикле 1: Для начинаний, идей, инициативы и объединения. 25 лет в цикле 3: Для возможностей, сообщества, общения и изобилия.	27 лет	(-)361 **1**	(-)334 **1**
	25 лет	(-)334 **1**	(-)309 **3**
С 308 по 256 год до н. э. 27 лет в цикле 2: Для хаоса, знаний, общения и медленного роста. 25 лет в цикле 4: Для порядка, роста, развития и укрепления.	27 лет	(-)308 **2**	(-)281 **2**
	25 лет	(-)281 **2**	(-)256 **4**
С 255 по 203 год до н. э. 27 лет в цикле 3: Для возможностей, сообщества, общения и изобилия. 25 лет в цикле 5: Для единства, порядка, демонтажа старого и восстановления справедливости.	27 лет	(-)255 **3**	(-)228 **3**
	25 лет	(-)228 **3**	(-)203 **5**
С 202 по 150 год до н. э. 27 лет в цикле 4: Для порядка, роста, развития и укрепления. 25 лет в цикле 6: Для обязательств, сообществ, объединения, знаний и открытий.	27 лет	(-)202 **4**	(-)175 **4**
	25 лет	(-)175 **4**	(-)150 **6**
С 149 по 97 год до н. э. 27 лет в цикле 5: Для единства, порядка, демонтажа старого и восстановления справедливости. 25 лет в цикле 7: Для исправления, духовности, Творец вмешивается во благо.	27 лет	(-)149 **5**	(-)122 **5**
	25 лет	(-)122 **5**	(-)97 **7**

С 96 по 44 год до н. э. **27 лет в цикле 6:** Для обязательств, сообществ, объединения, знаний и открытий. **25 лет в цикле 8:** Для обратной связи, порядка, ответственности, роста и укрепления.	27 лет	(-)96 **6**	(-)69 **6**
	25 лет	(-)69 **6**	(-)44 **8**
С 43 год до н. э. по 9 год н. э. **0 год – Рождение Иисуса Начало Эпохи Рыб** До возраста **9**: сумма цифр 43-27=16 С возраста **10** и по сей день: сумма цифр 9+1=10 **27 лет в цикле 7:** Для исправления, духовности, Творец вмешивается во благо. **25 лет в цикле 9:** Для замыкания круга перед новым стартом.	27 лет Конец Эпохи Овна	(-)43 **7** 44 - 1 = 43 43 – 27 = 16	(-)16 **7**
	25 лет Начало Эпохи Рыб	(-)16 **7** 16 - 25 = 9	**9** **9** 9 – 9 = 0 обнуляется Добавляем 1: 9+1=10
С 10 по 62 год Иисус пришел к просветлению в возрасте 10 лет и умер в возрасте 37 лет. (Должен был умереть в возрасте 62 лет). 3×1: Иисус = буквы имени на Иврите (=1) / пришел к просветлению в 10 лет (=1) / умер в 37 лет (=1) **27 лет в цикле 1:** Для начинаний, идей, инициативы и объединения. **25 лет в цикле 8:** Для обратной связи, порядка, ответственности, роста и укрепления.	27 лет Иисус: 10 лет Просветление	**10** **1** 9 +1 = 10 10 + 27 = 37	37 **1** 37 = 3 + 7 = 1 27 год повторяется
	25 лет	37 **1** 37 + 25 = 62	62 **8** 6 + 2 = 8

С 63 по 115 год _27 лет в цикле **9**_: Для замыкания круга перед новым стартом. _25 лет в цикле **7**_: Для исправления, духовности, Творец вмешивается во благо.	27 лет	63 **9**	90 **9**
	25 лет	90 **9**	115 **7**
С 116 по 168 год _27 лет в цикле **8**_: Для обратной связи, порядка, ответственности, роста и укрепления. _25 лет в цикле **6**_: Для обязательств, сообществ, объединения, знаний и открытий.	27 лет	116 **8**	143 **8**
	25 лет	143 **8**	168 **6**
С 169 по 221 год _27 лет в цикле **7**_: Для исправления, духовности, Творец вмешивается во благо. _25 лет в цикле **5**_: Для единства, порядка, демонтажа старого и восстановления справедливости.	27 лет	169 **7**	196 **7**
	25 лет	196 **7**	221 **5**
С 222 по 274 год _27 лет в цикле **6**_: Для обязательств, сообществ, объединения, знаний и открытий. _25 лет в цикле **4**_: Для порядка, роста, развития и укрепления.	27 лет	222 **6**	249 **6**
	25 лет	249 **6**	274 **4**

С 275 по 327 год **27** лет в цикле **5**: Для единства, порядка, демонтажа старого и восстановления справедливости. **25** лет в цикле **3**: Для возможностей, сообщества, общения и изобилия.	27 лет	275 **5**	302 **5**
	25 лет	302 **5**	327 **3**
С 328 по 380 год **27** лет в цикле **4**: Для порядка, роста, развития и укрепления. **25** лет в цикле **2**: Для хаоса, знаний, общения и медленного роста.	27 лет	328 **4**	355 **4**
	25 лет	355 **4**	380 **2**
С 381 по 433 год **27** лет в цикле **3**: Для возможностей, сообщества, общения и изобилия. **25** лет в цикле **1**: Для начинаний, идей, инициативы и объединения.	27 лет	381 **3**	408 **3**
	25 лет	408 **3**	433 **1**
С 434 по 486 год **27** лет в цикле **2**: Для хаоса, знаний, общения и медленного роста. **25** лет в цикле **9**: Для замыкания круга перед новым стартом.	27 лет	434 **2**	461 **2**
	25 лет	461 **2**	486 **9**

С 487 по 539 год **27** лет в цикле **1**: Для начинаний, идей, инициативы и объединения. **25** лет в цикле **8**: Для обратной связи, порядка, ответственности, роста и укрепления.	27 лет	487 **1**	514 **1**
	25 лет	514 **1**	539 **8**
С 540 по 592 год **27** лет в цикле **9**: Для замыкания круга перед новым стартом. **25** лет в цикле **7**: Для исправления, духовности, Творец вмешивается во благо.	27 лет	540 **9**	567 **9**
	25 лет	567 **9**	592 **7**
С 593 по 645 год **27** лет в цикле **8**: Для обратной связи, порядка, ответственности, роста и укрепления. **25** лет в цикле **6**: Для обязательств, сообществ, объединения, знаний и открытий.	27 лет	593 **8**	620 **8**
	25 лет	620 **8**	645 **6**
С 646 по 698 год **27** лет в цикле **7**: Для исправления, духовности, Творец вмешивается во благо. **25** лет в цикле **5**: Для единства, порядка, демонтажа старого и восстановления справедливости.	27 лет	646 **7**	673 **7**
	25 лет	673 **7**	698 **5**

С 699 по 751 год **27** лет в цикле **6**: Для обязательств, сообществ, объединения, знаний и открытий. **25** лет в цикле **4**: Для порядка, роста, развития и укрепления.	27 лет	699 **6**	726 **6**
	25 лет	726 **6**	751 **4**
С 752 по 804 год **27** лет в цикле **5**: Для единства, порядка, демонтажа старого и восстановления справедливости. **25** лет в цикле **3**: Для возможностей, сообщества, общения и изобилия.	27 лет	752 **5**	779 **5**
	25 лет	779 **5**	804 **3**
С 805 по 857 год **27** лет в цикле **4**: Для порядка, роста, развития и укрепления. **25** лет в цикле **2**: Для хаоса, знаний, общения и медленного роста.	27 лет	805 **4**	832 **4**
	25 лет	832 **4**	857 **2**
С 858 по 910 год **27** лет в цикле **3**: Для возможностей, сообщества, общения и изобилия. **25** лет в цикле **1**: Для начинаний, идей, инициативы и объединения.	27 лет	858 **3**	885 **3**
	25 лет	885 **3**	910 **1**

С 911 по 963 год 27 лет в цикле **2**: Для хаоса, знаний, общения и медленного роста. 25 лет в цикле **9**: Для замыкания круга перед новым стартом.	27 лет	911 **2**	938 **2**
	25 лет	938 **2**	963 **9**
С 964 по 1016 год 27 лет в цикле **1**: Для начинаний, идей, инициативы и объединения. 25 лет в цикле **8**: Для обратной связи, порядка, ответственности, роста и укрепления.	27 лет	964 **1**	991 **1**
	25 лет	991 **1**	1016 **8**
С 1017 по 1069 год 27 лет в цикле **9**: Для замыкания круга перед новым стартом. 25 лет в цикле **7**: Для исправления, духовности, Творец вмешивается во благо.	27 лет	1017 **9**	1044 **9**
	25 лет	1044 **9**	1069 **7**
С 1070 по 1122 год 27 лет в цикле **8**: Для обратной связи, порядка, ответственности, роста и укрепления. 25 лет в цикле **6**: Для обязательств, сообществ, объединения, знаний и открытий.	27 лет	1070 **8**	1097 **8**
	25 лет	1097 **8**	1122 **6**
С 1123 по 1175 год 27 лет в цикле **7**: Для исправления, духовности, Творец вмешивается во благо. 25 лет в цикле **5**: Для единства, порядка, демонтажа старого и восстановления справедливости.	27 лет	1123 **7**	1150 **7**
	25 лет	1150 **7**	1175 **5**

С 1176 по 1228 год **27 лет в цикле 6**: Для обязательств, сообществ, объединения, знаний и открытий.	27 лет	1176 **6**	1203 **6**
25 лет в цикле 4: Для порядка, роста, развития и укрепления.	25 лет	1203 **6**	1228 **4**
С 1229 по 1281 год **27 лет в цикле 5**: Для единства, порядка, демонтажа старого и восстановления справедливости.	27 лет	1229 **5**	1256 **5**
25 лет в цикле 3: Для возможностей, сообщества, общения и изобилия.	25 лет	1256 **5**	1281 **3**
С 1282 по 1334 год **27 лет в цикле 4**: Для порядка, роста, развития и укрепления.	27 лет	1282 **4**	1309 **4**
25 лет в цикле 2: Для хаоса, знаний, общения и медленного роста.	25 лет	1309 **4**	1334 **2**
С 1335 по 1387 год **27 лет в цикле 3**: Для возможностей, сообщества, общения и изобилия.	27 лет	1335 **3**	1362 **3**
25 лет в цикле 1: Для начинаний, идей, инициативы и объединения. **1335 – 1387:** «Черная чума» убила миллионы людей, была создана в институте США и финансирована правительством и коррумпированной богатой семьей с целью сокращения населения, которое угрожало их выживанию.	25 лет	1362 **3**	1387 **1**

С 1388 по 1440 год 27 лет в цикле 2: Для хаоса, знаний, общения и медленного роста.	27 лет	1388 **2**	1415 **2**
25 лет в цикле 9: Для замыкания круга перед новым стартом. 1400: Начало 300-летнего периода Возрождения. 1415: Ян Гус, проповедник, выступил против власти католической церкви. 1429: Жанна Д'Арк ведет к победе в битве Столетней войны.	25 лет	1415 **2**	1440 **9**
С 1441 по 1493 год 27 лет в цикле 1: Для начинаний, идей, инициативы и объединения.	27 лет	1441 **1**	1468 **1**
25 лет в цикле 8: Для обратной связи, порядка, ответственности, роста и укрепления. 1450: Империя ацтеков в Мексике. Церковь в Европе приговорила к смертной казни ведьм и всех, кто выступает против христианства. 1464: Король Франции создал почтовую сеть. 1455 – 1468 *Творец вмешивается* Печатная революция Иоганна Гуттенберга из Германии привела к книгопечатанию, передаче информации, обмену знаниями и продвижению образования. 1478: Инквизиция и депортация евреев Испании. 1480 – 1521: Фердинанд Магеллан совершил первое кругосветное путешествие. 1492: Колумб открыл Америку и Карибские острова, начало новой эры.	25 лет	1468 **1**	1493 **8**

С 1494 по 1546 год	27 лет	1494 **9**	1521 **9**
27 лет в цикле 9: Для замыкания круга перед новым стартом. **25 лет в цикле 7**: Для исправления, духовности, Творец вмешивается во благо. **1452 – 1519**: Леонардо да Винчи, ученый и изобретатель. **1498**: Васко да Гама открыл Индию. **1500**: Педро Кабрал открыл Бразилию. **1501**: Открытие почтовой сети в Европе. **1502**: Америго Веспуччи открыл Южную Америку. **1521 – 1541**: *Творец вмешивается* Коперник открыл, что Солнце находится в центре неба, а звезды вращаются вокруг него.	25 лет	1521 **9**	1546 **7**

| **С 1547 по 1599 год**

27 лет в цикле 8:
Для обратной связи, порядка, ответственности, роста и укрепления.

25 лет в цикле 6:
Для обязательств, сообществ, объединения, знаний и открытий.

1574: ****Творец вмешивается****
Нострадамус начал писать свои пророчества.

1564 – 1616: Шекспир драматург и поэт.

1577: Фрэнсис Дрейк совершил кругосветное плавание.

1588 – 1679: Философ Томас Гоббс.

1596 – 1650: Философ Рене Декарт.

1562 – 1635: Драматург Лопе Де Вега. | 27 лет | 1547
8 | 1574
8 |
| | 25 лет | 1574
8 | 1599
6 |

С 1600 по 1652 год **1638 год** **Начало Лучей Эпохи Водолея** 27 лет в цикле 7: Для исправления, духовности, Творец вмешивается во благо. 25 лет в цикле 5: Для единства, порядка, демонтажа старого и восстановления справедливости. **С 1600 по 1800 г.** - «Эпоха географических открытий» и научно-промышленная революция. 1600: Начало стиля барокко в Европе. 1616: Великий пожар в Лондоне **1638 (1627 – 1652): **Творец вмешивается** Открытия «масона» Галилео Галилея. 1618 - 1648: Тридцатилетняя война. 1620: Расчетная линейка. 1622 - 1618: Мольер – драматург и режиссер. 1623 - 1662: Паскаль - многопрофильный ученый. 1632 - 1723: Ван Левенгук - Микробиология. 1632 - 1704: Джон Локк - Философ. 1632 - 1677: Барух Спиноза – Философ. 1643: Барометр. 1646 - 1716: Вильгельм Лейбниц – Философ математик.	27 лет	1600 **7**	1627 **7**
	25 лет	1627 **7**	1652 **5**

С 1653 по 1705 год	27 лет	1653 **6**	1680 **6**
27 лет в цикле **6**: Для обязательств, сообществ, объединения, знаний и открытий. **25** лет в цикле **4**: Для порядка, роста, развития и укрепления.	25 лет	**1680** **6**	1705 **4**

1727: Исаак Ньютон - физик и математик.
1656: Часы с маятником
1659 - 1695: Генри Пёрселл – Композитор.

1680: **Творец вмешивается**

Комета пересекает небо на глазах у жителей планеты.

1644 - 1710: Оле Рёмер - Измерение скорости света.

1678 - 1741: Вивальди – священник и композитор.

1685 -1750: Иоганн Себастьян Бах - композитор.

1685 - 1759: Гендель - композитор.

1700 - 1721: Великая Северная война.

1701 - 1714: Война за испанское наследство.

С 1706 по 1758 год	27 лет	1706 **5**	1733 **5**
27 лет в цикле **5**: Для единства, порядка, демонтажа старого и восстановления справедливости. **25** лет в цикле **3**: Для возможностей, сообщества, общения и изобилия. **1709**:Градусник. **1718**: Пулемет. **1718**: Французы поселяются в Новом Орлеане. **1733 - 1738:** Война за польское наследство. **1733**: Создание масонской секты, которая рухнет и исчезнет к началу эры Водолея. **1740 - 1748:** Война за австрийское наследство **1756 - 1763:** Семилетняя война в Европе и Северной Америке	25 лет	**1733** **5**	1758 **3**

С 1759 по 1811 год	27 лет	1759 **4**	1786 **4**
	25 лет	1786 **4**	1811 **2**

С 1759 по 1811 год

27 лет в цикле **4**:
Для порядка, роста, развития и укрепления.

25 лет в цикле **2**:
Для хаоса, знаний, общения и медленного роста.

1768 - 1774: Русско-турецкая война.
1774: паровой двигатель.
1760: Начало промышленной революции, двигатели, работающие на угле или топливе.
1769: Джеймс Кук открыл Австралию, Новую Зеландию и Гавайские острова.
1775 - 1783: Американская война за независимость, освобождение от британского правления.
1786: ****Творец вмешивается****
Изобретение парохода Джеймсом Рамси.
1785 - 1795: Индейская война в Америке.
1788: Поселение в Сиднее, Австралия.
1789: Джордж Вашингтон, президент Соединенных Штатов.
1789 - 1799: Французская революция длилась 10 лет! Свержение монархии и католической церкви. Наполеон диктатор Франции.
1796: Изобретение вакцин, финансируемых государством, с целью уменьшения численности населения. Умышленное создание больного населения, которое обогащает фармацевтические компании и которое слишком слабо чтобы восстать против правительства.

С 1812 по 1864 год	27 лет	1812 **3**	1839 **3**
27 лет в цикле 3: Для возможностей, сообщества, общения и изобилия. 25 лет в цикле 1: Для начинаний, идей, инициативы и объединения.	25 лет	<u>1839</u> **3**	1864 **1**

С 1812 по 1864 год

<u>27</u> лет в цикле <u>3</u>:
Для возможностей, сообщества, общения и изобилия.

<u>25</u> лет в цикле <u>1</u>:
Для начинаний, идей, инициативы и объединения.

<u>1812 - 1815</u>: Англо-американская война.
<u>1812</u>: Русско-французская война.
<u>1812-1870</u>: Чарльз Диккенс писатель и драматург.
<u>1813</u>: паровоз.
<u>1818</u>: велосипед.
<u>1830</u>: Трактор и швейная машина
<u>1831</u>: Физик Фарадей - первый мотор, магнитные поля, магнит + катушка = электрический ток.
<u>1834</u>: Обезболивание / Анестезия.
<u>1839</u>: Коммерческая Техника фотосъемки – Дагеротипия.
<u>1844</u>: Телеграф.
<u>1847</u>: шрифт Брайля.
<u>1852</u>: Зонт.
<u>1855</u>: Спички.
<u>1859</u>: Искусственное охлаждение.
<u>1861</u>: пистолет-пулемет.
<u>1862</u>: Пастеризация.

<u>1864</u>: **Творец вмешивается**
Начало нефтяной промышленности (Стандарт Ойл) перевозки людей и товаров по всему миру.
<u>1864</u>: Конец британского контроля над греческими островами, конец Кавказской войны, Парагвайская война в Бразилии.

С 1865 по 1917 год	27 лет	1865 **2**	1892 **2**
27 лет в цикле **2**: Для хаоса, знаний, общения и медленного роста.			
25 лет в цикле **9**: Для замыкания круга перед новым стартом. **1865**: США: Отмена рабства, убийство Линкольна, окончание Гражданской войны, унесшей жизни около миллиона человек. Война между Парагваем и Бразилией и между Аргентиной и Уругваем. **1865**: Холодильник. **1874**: Беспроводная связь и пишущая машинка. **1876**: Телефон. **1877**: Фонограф. **1878**: Русско-османская война. **1879**: Электрическая лампочка, первый товарный поезд. **1883**: Первая электростанция. **1885**: Мотоцикл, велосипед с шестеренками. **1887**: Граммофон. **1888**: Шариковая ручка. **1889**: Автомобиль. **1890**: Наручные часы. **1891**: Кинематограф. **1892**: ****Творец вмешивается**** Изобретение дизельного двигателя для глобального передвижения. **1893**: Радио. **1895**: Дирижабль и рентген. **1903**: Самолет. **1910**: Аэроплан. **1912**: Ультразвуковой локатор. **1914 - 1918**: Первая мировая война убила миллионы. **1915**: Лампа накаливания. **1916 - 1917**: Эйнштейн - Теория относительности, электромагнитные поля и лазер.	25 лет	1892 **2**	1917 **9**

С 1918 по 1970 год	27 лет	1918 **1**	1945 **1**
27 лет в цикле **1**: Для начинаний, идей, инициативы и объединения.			
25 лет в цикле **8**: Для обратной связи, порядка, ответственности, роста и укрепления.	25 лет	1945 **1**	1970 **8**

27 лет в цикле 1:
Для начинаний, идей, инициативы и объединения.
25 лет в цикле 8:
Для обратной связи, порядка, ответственности, роста и укрепления.
1918: Окончание Первой мировой войны, унесшей жизни около 17 миллионов человек.
1918: Польша, Армения, Азербайджан, Украина, Литва, Эстония провозгласили независимость.
1923, 1933: Огромный экономический кризис в США, организованный богачами с целью уменьшения численности населения.
1928: Телевизор. **1928**: Пенициллин.
1931: Электронный микроскоп.
1933: Нацистская Германия приходит к власти.
1943: Разгадка Энигмы Аланом Тьюрингом — отцом информатики, положившего конец Второй мировой войне.

1945: **Творец вмешивается**
Вторая мировая война (1939-1945) с потерями около 50 миллионов человек.

1945: Гонконг, Вьетнам, Индонезия и Югославия провозгласили независимость.
1947: Транзистор и копировальный аппарат. Холодная война между США и Россией
1948: Создание Государства Израиль хазарскими сионистами, выдававшими себя за евреев, с целью собрать евреев для их окончательного истребления, с флагом, цветами и символами сатаны, и гимном со словами иллюминатов.
1952: Водородная бомба.
1953: Структура ДНК.
1957: Спутник.
1958: Первый кардиостимулятор.
1969: Лазерный принтер.
1970: Язык программирования Паскаль.

С 1971 по 2023 год	27 лет	1971 **9**	1998 **9**
27 лет в цикле **9**: Для замыкания круга перед новым стартом. **25** лет в цикле **7**:			
Для исправления, духовности, Творец вмешивается во благо. **1971**: Электронная почта, первый микропроцессор, конец войны Индия-Пакистан. **1972**: Электронные часы. **1973**: Мобильный телефон. **1979**: Сенсорный экран. **1980**: Ветрогенераторы. **1984**: Магнитный поезд. **1989**: Создание Интернета. **1989**: Окончание холодной войны между США и Россией и объединение Германии. **1998**: Создание поисковой системы Гугл с целью слежки за гражданскими под видом мнимой помощи. **2000**: Спутниковая навигационная система GPS. **2001**: Википедия, Катастрофа Всемирного торгового центра, организованная правительством. **2001 -2014**: Война в Афганистане, инициированная Бушем. **2003 -2011**: Война в Ираке, инициированная Бушем. **2003**: Магнитно-резонансная томография МРТ. **2003**: Социальная сеть Майспейс. **2004**: Социальная сеть Facebook, создана для слежки за гражданскими под видом мнимого единства. **2019 -2023**: Мошенничество с коронавирусом гриппа, организованное кабалом/глубинным государством. Мошенничество с целью уменьшения населения через разрушение экономики, хозяйства и человеческих жизней, что привело к убийству миллионов людей вакцинами посредством манипуляций, лжи и глобальной пропаганды в СМИ, финансируемой коррумпированными богачами. Эта афера создала всемирное недоверие граждан к правительствам и организациям здравоохранения, что вернуло власть гражданам с целью сокрушения и ликвидации всех правительств, индивидуальной и коррумпированной власти в мире, с целью начать Эпоху Водолея.	25 лет	**1998** **9**	2023 7

С 2024 по 2076 год 27 лет в цикле 8: Для обратной связи, порядка, ответственности, роста и укрепления. 25 лет в цикле 6: Для обязательств, сообществ, объединения, знаний и открытий.	27 лет	2024 8	2051 8
	25 лет	2051 8	2076 6
С 2077 по 2129 год **2106 год** **Начало Эпохи Водолея** 27 лет в цикле 7: Для исправления, духовности, Творец вмешивается во благо. 25 лет в цикле 5: Для единства, порядка, демонтажа старого и восстановления справедливости.	27 лет	2077 7	2104 7
	25 лет	2104 7	2129 5
С 2130 по 2182 год 27 лет в цикле 6: Для обязательств, сообществ, объединения, знаний и открытий. 25 лет в цикле 4: Для порядка, роста, развития и укрепления.	27 лет	2130 6	2157 6
	25 лет	2157 6	2182 4
С 2183 по 2235 год 27 лет в цикле 5: Для единства, порядка, демонтажа старого и восстановления справедливости. 25 лет в цикле 3: Для возможностей, сообщества, общения и изобилия.	27 лет	2183 5	2210 5
	25 лет	2210 5	2235 3

С 2236 по 2288 год **27 лет в цикле 4**: Для порядка, роста, развития и укрепления. **25 лет в цикле 2**: Для хаоса, знаний, общения и медленного роста.	27 лет	2236 **4**	2263 **4**
	25 лет	2263 **4**	2288 **2**
С 2289 по 2341 год **27 лет в цикле 3**: Для возможностей, сообщества, общения и изобилия. **25 лет в цикле 1**: Для начинаний, идей, инициативы и объединения.	27 лет	2289 **3**	2316 **3**
	25 лет	2316 **3**	2341 **1**
С 2342 по 2394 год **27 лет в цикле 2**: Для хаоса, знаний, общения и медленного роста. **25 лет в цикле 9**: Для замыкания круга перед новым стартом.	27 лет	2342 **2**	2369 **2**
	25 лет	2369 **2**	2394 **9**
С 2395 по 2447 год **27 лет в цикле 1**: Для начинаний, идей, инициативы и объединения. **25 лет в цикле 8**: Для обратной связи, порядка, ответственности, роста и укрепления.	27 лет	2395 **1**	2422 **1**
	25 лет	2422 **1**	2447 **8**

С 2448 по 2500 год 27 лет в цикле **9**: Для замыкания круга перед новым стартом. 25 лет в цикле **7**: Для исправления, духовности, Творец вмешивается во благо.	27 лет	2448 **9**	2500 **9**
	25 лет	2475 **9**	2500 **7**
С 2501 по 2553 год 27 лет в цикле **8**: Для обратной связи, порядка, ответственности, роста и укрепления. 25 лет в цикле **6**: Для обязательств, сообществ, объединения, знаний и открытий.	27 лет	2501 **8**	2528 **8**
	25 лет	2528 **8**	2553 **6**
С 2554 по 2606 год 27 лет в цикле **7**: Для исправления, духовности, Творец вмешивается во благо. 25 лет в цикле **5**: Для единства, порядка, демонтажа старого и восстановления справедливости.	27 лет	2554 **7**	2581 **7**
	25 лет	2581 **7**	2606 **5**
С 2607 по 2659 год 27 лет в цикле **6**: Для обязательств, сообществ, объединения, знаний и открытий. 25 лет в цикле **4**: Для порядка, роста, развития и укрепления.	27 лет	2607 **6**	2634 **6**
	25 лет	2634 **6**	2659 **4**

С 2660 по 2712 год _27 лет в цикле **5**:_ Для единства, порядка, демонтажа старого и восстановления справедливости. _25 лет в цикле **3**:_ Для возможностей, сообщества, общения и изобилия.	27 лет	2660 **5**	2687 **5**
	25 лет	2687 **5**	2712 **3**
С 2713 по 2765 год _27 лет в цикле **4**:_ Для порядка, роста, развития и укрепления. _25 лет в цикле **2**:_ Для хаоса, знаний, общения и медленного роста.	27 лет	2713 **4**	2740 **4**
	25 лет	2740 **4**	2765 **2**
С 2766 по 2818 год _27 лет в цикле **3**:_ Для возможностей, сообщества, общения и изобилия. _25 лет в цикле **1**:_ Для начинаний, идей, инициативы и объединения.	27 лет	2766 **3**	2793 **3**
	25 лет	2793 **3**	2818 **1**
С 2819 по 2871 год _27 лет в цикле **2**:_ Для хаоса, знаний, общения и медленного роста. _25 лет в цикле **9**:_ Для замыкания круга перед новым стартом.	27 лет	2819 **2**	2846 **2**
	25 лет	2846 **2**	2871 **9**

С 2872 по 2924 год 27 лет в цикле 1: Для начинаний, идей, инициативы и объединения. 25 лет в цикле 8: Для обратной связи, порядка, ответственности, роста и укрепления.	27 лет	2872 **1**	2899 **1**
	25 лет	2899 **1**	2924 **8**
С 2925 по 2977 год 27 лет в цикле 9: Для замыкания круга перед новым стартом. 25 лет в цикле 7: Для исправления, духовности, Творец вмешивается во благо.	27 лет	2925 **9**	2952 **9**
	25 лет	2952 **9**	2977 **7**
С 2978 по 3030 год 27 лет в цикле 8: Для обратной связи, порядка, ответственности, роста и укрепления. 25 лет в цикле 6: Для обязательств, сообществ, объединения, знаний и открытий.	27 лет	2978 **8**	3005 **8**
	25 лет	3005 **8**	3030 **6**
С 3031 по 3083 год 27 лет в цикле 7: Для исправления, духовности, Творец вмешивается во благо. 25 лет в цикле 5: Для единства, порядка, демонтажа старого и восстановления справедливости.	27 лет	3031 **7**	3058 **7**
	25 лет	3058 **7**	3083 **5**

С 3084 по 3136 год 27 лет в цикле **6**: Для обязательств, сообществ, объединения, знаний и открытий. 25 лет в цикле **4**: Для порядка, роста, развития и укрепления.	27 лет	3084 **6**	3111 **6**
	25 лет	3111 **6**	3136 **4**
С 3137 по 3189 год 27 лет в цикле **5**: Для единства, порядка, демонтажа старого и восстановления справедливости. 25 лет в цикле **3**: Для возможностей, сообщества, общения и изобилия.	27 лет	3137 **5**	3164 **5**
	25 лет	3164 **5**	3189 **3**
С 3190 по 3242 год 27 лет в цикле **4**: Для порядка, роста, развития и укрепления. 25 лет в цикле **2**: Для хаоса, знаний, общения и медленного роста.	27 лет	3190 **4**	3217 **4**
	25 лет	3217 **4**	3242 **2**
С 3243 по 3295 год 27 лет в цикле **3**: Для возможностей, сообщества, общения и изобилия. 25 лет в цикле **1**: Для начинаний, идей, инициативы и объединения.	27 лет	3243 **3**	3270 **3**
	25 лет	3270 **3**	3295 **1**

С 3296 по 3348 год 27 лет в цикле **2**: Для хаоса, знаний, общения и медленного роста. 25 лет в цикле **9**: Для замыкания круга перед новым стартом.	27 лет	3296 **2**	3323 **2**
	25 лет	3323 **2**	3348 **9**
С 3349 по 3401 год 27 лет в цикле **1**: Для начинаний, идей, инициативы и объединения. 25 лет в цикле **8**: Для обратной связи, порядка, ответственности, роста и укрепления.	27 лет	3349 **1**	3376 **1**
	25 лет	3376 **1**	3401 **8**
С 3402 по 3454 год 27 лет в цикле **9**: Для замыкания круга перед новым стартом. 25 лет в цикле **7**: Для исправления, духовности, Творец вмешивается во благо.	27 лет	3402 **9**	3429 **9**
	25 лет	3429 **9**	3454 **7**
С 3455 по 3507 год 27 лет в цикле **8**: Для обратной связи, порядка, ответственности, роста и укрепления. 25 лет в цикле **6**: Для обязательств, сообществ, объединения, знаний и открытий.	27 лет	3455 **8**	3482 **8**
	25 лет	3482 **8**	3507 **6**

С 3508 по 3560 год 27 лет в цикле 7: Для исправления, духовности, Творец вмешивается во благо. 25 лет в цикле 5: *Для единства, порядка, демонтажа старого и восстановления справедливости.*	27 лет	3508 **7**	3535 **7**
	25 лет	3535 **7**	3560 **5**
С 3561 по 3613 год 27 лет в цикле 6: Для обязательств, сообществ, объединения, знаний и открытий. 25 лет в цикле 4: *Для порядка, роста, развития и укрепления.*	27 лет	3561 **6**	3588 **6**
	25 лет	3588 **6**	3613 **4**
С 3614 по 3666 год 27 лет в цикле 5: *Для единства, порядка, демонтажа старого и восстановления справедливости.* 25 лет в цикле 3: Для возможностей, сообщества, общения и изобилия.	27 лет	3614 **5**	3641 **5**
	25 лет	3641 **5**	3666 **3**
С 3667 по 3719 год 27 лет в цикле 4: Для порядка, роста, развития и укрепления. 25 лет в цикле 2: *Для хаоса, знаний, общения и медленного роста.*	27 лет	3667 **4**	3694 **4**
	25 лет	3694 **4**	3719 **2**

С 3720 по 3772 год **3744 год** **Начало Лучей Эпохи Козерога** 27 лет в цикле **3**: Для возможностей, сообщества, общения и изобилия. 25 лет в цикле **1**: Для начинаний, идей, инициативы и объединения.	27 лет	3720 **3**	3747 **3**
	25 лет	3747 **3**	3772 **1**
С 3773 по 3825 год 27 лет в цикле **2**: Для хаоса, знаний, общения и медленного роста. 25 лет в цикле **9**: Для замыкания круга перед новым стартом.	27 лет	3773 **2**	3800 **2**
	25 лет	3800 **2**	3825 **9**
С 3826 по 3878 год 27 лет в цикле **1**: Для начинаний, идей, инициативы и объединения. 25 лет в цикле **8**: Для обратной связи, порядка, ответственности, роста и укрепления.	27 лет	3826 **1**	3853 **1**
	25 лет	3853 **1**	3878 **8**
С 3879 по 3931 год 27 лет в цикле **9**: Для замыкания круга перед новым стартом. 25 лет в цикле **7**: Для исправления, духовности, Творец вмешивается во благо.	27 лет	3879 **9**	3906 **9**
	25 лет	3906 **9**	3931 **7**

С 3932 по 3984 год **27 лет в цикле 8**: Для обратной связи, порядка, ответственности, роста и укрепления. **25 лет в цикле 6**: Для обязательств, сообществ, объединения, знаний и открытий.	27 лет	3932 **8**	3959 **8**
	25 лет	3959 **8**	3984 **6**
С 3985 по 4037 год **27 лет в цикле 7**: Для исправления, духовности, Творец вмешивается во благо. **25 лет в цикле 5**: Для единства, порядка, демонтажа старого и восстановления справедливости.	27 лет	3985 **7**	4012 **7**
	25 лет	4012 **7**	4037 **5**
С 4038 по 4090 год **27 лет в цикле 6**: Для обязательств, сообществ, объединения, знаний и открытий. **25 лет в цикле 4**: Для порядка, роста, развития и укрепления.	27 лет	4038 **6**	4065 **6**
	25 лет	4065 **6**	4090 **4**
С 4091 по 4143 год **27 лет в цикле 5**: Для единства, порядка, демонтажа старого и восстановления справедливости. **25 лет в цикле 3**: Для возможностей, сообщества, общения и изобилия.	27 лет	4091 **5**	4118 **5**
	25 лет	4118 **5**	4143 **3**

С 4144 по 4196 год **27** лет в цикле **4**: Для порядка, роста, развития и укрепления. **25** лет в цикле **2**: Для хаоса, знаний, общения и медленного роста.	27 лет	4144 **4**	4171 **4**
	25 лет	4171 **4**	4196 **2**
С 4197 по 4249 год **4212 год** **Начало Эпохи Козерога** **27** лет в цикле **3**: Для возможностей, сообщества, общения и изобилия. **25** лет в цикле **1**: Для начинаний, идей, инициативы и объединения.	27 лет	4197 **3**	4224 **3**
	25 лет	4224 **3**	4249 **1**
С 4250 по 4302 год **27** лет в цикле **2**: Для хаоса, знаний, общения и медленного роста. **25** лет в цикле **9**: Для замыкания круга перед новым стартом.	27 лет	4250 **2**	4277 **2**
	25 лет	4277 **2**	4302 **9**
С 4303 по 4355 год **27** лет в цикле **1**: Для начинаний, идей, инициативы и объединения. **25** лет в цикле **8**: Для обратной связи, порядка, ответственности, роста и укрепления.	27 лет	4303 **1**	4330 **1**
	25 лет	4330 **1**	4355 **8**

С 4356 по 4408 год **27 лет в цикле 9**: Для замыкания круга перед новым стартом. **25 лет в цикле 7**: Для исправления, духовности, Творец вмешивается во благо.	27 лет	4356 **9**	4383 **9**
	25 лет	4383 **9**	4408 **7**
С 4409 по 4461 год **27 лет в цикле 8**: Для обратной связи, порядка, ответственности, роста и укрепления. **25 лет в цикле 6**: Для обязательств, сообществ, объединения, знаний и открытий.	27 лет	4409 **8**	4436 **8**
	25 лет	4436 **8**	4461 **6**
С 4462 по 4514 год **27 лет в цикле 7**: Для исправления, духовности, Творец вмешивается во благо. **25 лет в цикле 5**: Для единства, порядка, демонтажа старого и восстановления справедливости.	27 лет	4462 **7**	4489 **7**
	25 лет	4489 **7**	4514 **5**
С 4515 по 4567 год **27 лет в цикле 6**: Для обязательств, сообществ, объединения, знаний и открытий. **25 лет в цикле 4**: Для порядка, роста, развития и укрепления.	27 лет	4515 **6**	4542 **6**
	25 лет	4542 **6**	4567 **4**

С 4568 по 4620 год **27 лет в цикле 5**: Для единства, порядка, демонтажа старого и восстановления справедливости. **25 лет в цикле 3**: Для возможностей, сообщества, общения и изобилия.	27 лет	4568 **5**	4595 **5**
	25 лет	4595 **5**	4620 **3**
С 4621 по 4673 год **27 лет в цикле 4**: Для порядка, роста, развития и укрепления. **25 лет в цикле 2**: Для хаоса, знаний, общения и медленного роста.	27 лет	4621 **4**	4648 **4**
	25 лет	4648 **4**	4673 **2**
С 4674 по 4726 год **27 лет в цикле 3**: Для возможностей, сообщества, общения и изобилия. **25 лет в цикле 1**: Для единства, порядка, демонтажа старого и восстановления справедливости.	27 лет	4674 **3**	4701 **3**
	25 лет	4701 **3**	4726 **1**
С 4727 по 4779 год **27 лет в цикле 2**: Для хаоса, знаний, общения и медленного роста. **25 лет в цикле 9**: Для замыкания круга перед новым стартом.	27 лет	4727 **2**	4754 **2**
	25 лет	4754 **2**	4779 **9**

С 4780 по 4832 год _27 лет в цикле_ **1**: Для начинаний, идей, инициативы и объединения. _25 лет в цикле_ **8**: Для обратной связи, порядка, ответственности, роста и укрепления.	27 лет	4780 **1**	4807 **1**
	25 лет	4807 **1**	4832 **8**
С 4833 по 4885 год _27 лет в цикле_ **9**: Для замыкания круга перед новым стартом. _25 лет в цикле_ **7**: Для исправления, духовности, Творец вмешивается во благо.	27 лет	4833 **9**	4860 **9**
	25 лет	4860 **9**	4885 **7**
С 4886 по 4938 год _27 лет в цикле_ **8**: Для обратной связи, порядка, ответственности, роста и укрепления. _25 лет в цикле_ **6**: Для обязательств, сообществ, объединения, знаний и открытий.	27 лет	4886 **8**	4913 **8**
	25 лет	4913 **8**	4938 **6**
С 4939 по 4991 год _27 лет в цикле_ **7**: Для исправления, духовности, Творец вмешивается во благо. _25 лет в цикле_ **5**: Для единства, порядка, демонтажа старого и восстановления справедливости.	27 лет	4939 **7**	4966 **7**
	25 лет	4966 **7**	4991 **5**

С 4992 по 5044 год **27** лет в цикле **6**: Для обязательств, сообществ, объединения, знаний и открытий. **25** лет в цикле **4**: Для порядка, роста, развития и укрепления.	27 лет	4992 **6**	5019 **6**
	25 лет	5019 **6**	5044 **4**
С 5045 по 5097 год **27** лет в цикле **5**: Для единства, порядка, демонтажа старого и восстановления справедливости. **25** лет в цикле **3**: Для возможностей, сообщества, общения и изобилия.	27 лет	5045 **5**	5072 **5**
	25 лет	5072 **5**	5097 **3**
С 5098 по 5150 год **27** лет в цикле **4**: Для порядка, роста, развития и укрепления. **25** лет в цикле **2**: Для хаоса, знаний, общения и медленного роста.	27 лет	5098 **4**	5125 **4**
	25 лет	5125 **4**	5150 **2**
С 5151 по 5203 год **27** лет в цикле **3**: Для возможностей, сообщества, общения и изобилия. **25** лет в цикле **1**: Для начинаний, идей, инициативы и объединения.	27 лет	5151 **3**	5178 **3**
	25 лет	5178 **3**	5203 **1**

С 5204 по 5256 год **27** лет в цикле **2**: Для хаоса, знаний, общения и медленного роста. **25** лет в цикле **9**: Для замыкания круга перед новым стартом.	27 лет	5204 **2**	5231 **2**
	25 лет	5231 **2**	5256 **9**
С 5257 по 5309 год **27** лет в цикле **1**: Для начинаний, идей, инициативы и объединения. **25** лет в цикле **8**: Для обратной связи, порядка, ответственности, роста и укрепления.	27 лет	5257 **1**	5284 **1**
	25 лет	5284 **1**	5309 **8**
С 5310 по 5362 год **27** лет в цикле **9**: Для замыкания круга перед новым стартом. **25** лет в цикле **7**: Для исправления, духовности, Творец вмешивается во благо.	27 лет	5310 **9**	5337 **9**
	25 лет	5337 **9**	5362 **7**
С 5363 по 5415 год **27** лет в цикле **8**: Для обратной связи, порядка, ответственности, роста и укрепления. **25** лет в цикле **6**: Для обязательств, сообществ, объединения, знаний и открытий.	27 лет	5363 **8**	5390 **8**
	25 лет	5390 **8**	5415 **6**

С 5416 по 5468 год **27 лет в цикле 7**: Для исправления, духовности, Творец вмешивается во благо. **25 лет в цикле 5**: Для единства, порядка, демонтажа старого и восстановления справедливости.	27 лет	5416 **7**	5443 **7**
	25 лет	5443 **7**	5468 **5**
С 5469 по 5521 год **27 лет в цикле 6**: Для обязательств, сообществ, объединения, знаний и открытий. **25 лет в цикле 4**: Для порядка, роста, развития и укрепления.	27 лет	5469 **6**	5496 **6**
	25 лет	5496 **6**	5521 **4**
С 5522 по 5574 год **27 лет в цикле 5**: Для единства, порядка, демонтажа старого и восстановления справедливости. **25 лет в цикле 3**: Для возможностей, сообщества, общения и изобилия.	27 лет	5522 **5**	5549 **5**
	25 лет	5549 **5**	5574 **3**
С 5575 по 5627 год **27 лет в цикле 4**: Для порядка, роста, развития и укрепления. **25 лет в цикле 2**: Для хаоса, знаний, общения и медленного роста.	27 лет	5575 **4**	5602 **4**
	25 лет	5602 **4**	5627 **2**

С 5628 по 5680 год 27 лет в цикле **3**: Для возможностей, сообщества, общения и изобилия. 25 лет в цикле **1**: Для начинаний, идей, инициативы и объединения.	27 лет	5628 **3**	5655 **3**
	25 лет	5655 **3**	5680 **1**
С 5681 по 5733 год 27 лет в цикле **2**: Для хаоса, знаний, общения и медленного роста. 25 лет в цикле **9**: Для замыкания круга перед новым стартом.	27 лет	5681 **2**	5708 **2**
	25 лет	5708 **2**	5733 **9**
С 5734 по 5786 год 27 лет в цикле **1**: Для начинаний, идей, инициативы и объединения. 25 лет в цикле **8**: Для обратной связи, порядка, ответственности, роста и укрепления.	27 лет	5734 **1**	5761 **1**
	25 лет	5761 **1**	5786 **8**
С 5787 по 5839 год 27 лет в цикле **9**: Для замыкания круга перед новым стартом. 25 лет в цикле **7**: Для исправления, духовности, Творец вмешивается во благо.	27 лет	5787 **9**	5814 **9**
	25 лет	5814 **9**	5839 **7**

С 5840 по 5892 год **5850 год** **Начало Лучей Эпохи Стрельца** _27 лет в цикле **8**_: Для обратной связи, порядка, ответственности, роста и укрепления.	27 лет	5840 **8**	5867 **8**
	25 лет	5867 **8**	5892 **6**
25 лет в цикле **6**: Для обязательств, сообществ, объединения, знаний и открытий.			
С 5893 по 5945 год _27 лет в цикле **7**_: Для исправления, духовности, Творец вмешивается во благо.	27 лет	5893 **7**	5920 **7**
	25 лет	5920 **7**	5945 **5**
25 лет в цикле **5**: Для единства, порядка, демонтажа старого и восстановления справедливости.			
С 5946 по 5998 год _27 лет в цикле **6**_: Для обязательств, сообществ, объединения, знаний и открытий.	27 лет	5946 **6**	5973 **6**
	25 лет	5973 **6**	5998 **4**
25 лет в цикле **4**: Для порядка, роста, развития и укрепления.			
С 5999 по 6051 год _27 лет в цикле **5**_: Для единства, порядка, демонтажа старого и восстановления справедливости.	27 лет	5999 **5**	6026 **5**
	25 лет	6026 **5**	6051 **3**
25 лет в цикле **3**: Для возможностей, сообщества, общения и изобилия.			

С 6052 по 6104 год **27 лет в цикле 4**: Для порядка, роста, развития и укрепления. **25 лет в цикле 2**: Для хаоса, знаний, общения и медленного роста.	27 лет	6052 **4**	6079 **4**
	25 лет	6079 **4**	6104 **2**
С 6105 по 6157 год **27 лет в цикле 3**: Для возможностей, сообщества, общения и изобилия. **25 лет в цикле 1**: Для начинаний, идей, инициативы и объединения.	27 лет	6105 **3**	6132 **3**
	25 лет	6132 **3**	6157 **1**
С 6158 по 6210 год **27 лет в цикле 2**: Для хаоса, знаний, общения и медленного роста. **25 лет в цикле 9**: Для замыкания круга перед новым стартом.	27 лет	6158 **2**	6185 **2**
	25 лет	6185 **2**	6210 **9**
С 6211 по 6263 год **27 лет в цикле 1**: Для начинаний, идей, инициативы и объединения. **25 лет в цикле 8**: Для обратной связи, порядка, ответственности, роста и укрепления.	27 лет	6211 **1**	6238 **1**
	25 лет	6238 **1**	6263 **8**

С 6264 по 6316 год **27** лет в цикле **9**: Для замыкания круга перед новым стартом. **25** лет в цикле **7**: Для исправления, духовности, Творец вмешивается во благо.	27 лет	6264 **9**	6291 **9**
	25 лет	6291 **9**	6316 **7**
С 6317 по 6369 год **6318 год** **Начало Эпохи Стрельца** **27** лет в цикле **8**: Для обратной связи, порядка, ответственности, роста и укрепления. **25** лет в цикле **6**: Для обязательств, сообществ, объединения, знаний и открытий.	27 лет	6317 **8**	6344 **8**
	25 лет	6344 **8**	6369 **6**
С 6370 по 6422 год **27** лет в цикле **7**: Для исправления, духовности, Творец вмешивается во благо. **25** лет в цикле **5**: Для единства, порядка, демонтажа старого и восстановления справедливости.	27 лет	6370 **7**	6397 **7**
	25 лет	6397 **7**	6422 **5**
С 6423 по 6475 год **27** лет в цикле **6**: Для обязательств, сообществ, объединения, знаний и открытий. **25** лет в цикле **4**: Для порядка, роста, развития и укрепления.	27 лет	6423 **6**	6450 **6**
	25 лет	6450 **6**	6475 **4**

С 6476 по 6528 год **27** лет в цикле **5**: Для единства, порядка, демонтажа старого и восстановления справедливости. **25** лет в цикле **3**: Для возможностей, сообщества, общения и изобилия.	27 лет	6476 **5**	6503 **5**
	25 лет	6503 **5**	6528 **3**
С 6529 по 6581 год **27** лет в цикле **4**: Для порядка, роста, развития и укрепления. **25** лет в цикле **2**: Для хаоса, знаний, общения и медленного роста.	27 лет	6529 **4**	6556 **4**
	25 лет	6556 **4**	6581 **2**
С 6582 по 6634 год **27** лет в цикле **3**: Для возможностей, сообщества, общения и изобилия. **25** лет в цикле **1**: Для начинаний, идей, инициативы и объединения.	27 лет	6582 **3**	6609 **3**
	25 лет	6609 **3**	6634 **1**
С 6635 по 6687 год **27** лет в цикле **2**: Для хаоса, знаний, общения и медленного роста. **25** лет в цикле **9**: Для замыкания круга перед новым стартом.	27 лет	6635 **2**	6662 **2**
	25 лет	6662 **2**	6687 **9**

С 6688 по 6740 год 27 лет в цикле **1**: Для начинаний, идей, инициативы и объединения. **25** лет в цикле **8**: Для обратной связи, порядка, ответственности, роста и укрепления.	27 лет	6688 **1**	6715 **1**
	25 лет	6715 **1**	6740 **8**
С 6741 по 6793 год 27 лет в цикле **9**: Для замыкания круга перед новым стартом. **25** лет в цикле **7**: Для исправления, духовности, Творец вмешивается во благо.	27 лет	6741 **9**	6768 **9**
	25 лет	6768 **9**	6793 **7**
С 6794 по 6846 год 27 лет в цикле **8**: Для обратной связи, порядка, ответственности, роста и укрепления. **25** лет в цикле **6**: Для обязательств, сообществ, объединения, знаний и открытий.	27 лет	6794 **8**	6821 **8**
	25 лет	6821 **8**	6846 **6**
С 6847 по 6899 год 27 лет в цикле **7**: Для исправления, духовности, Творец вмешивается во благо. **25** лет в цикле **5**: Для единства, порядка, демонтажа старого и восстановления справедливости.	27 лет	6847 **7**	6874 **7**
	25 лет	6874 **7**	6899 **5**

С 6900 по 6952 год **27** лет в цикле **6**: Для обязательств, сообществ, объединения, знаний и открытий. **25** лет в цикле **4**: Для порядка, роста, развития и укрепления.	27 лет	6900 **6**	6927 **6**
	25 лет	6927 **6**	6952 **4**
С 6953 по 7005 год **27** лет в цикле **5**: Для единства, порядка, демонтажа старого и восстановления справедливости. **25** лет в цикле **3**: Для возможностей, сообщества, общения и изобилия.	27 лет	6953 **5**	6980 **5**
	25 лет	6980 **5**	7005 **3**
С 7006 по 7058 год **27** лет в цикле **4**: Для порядка, роста, развития и укрепления. **25** лет в цикле **2**: Для хаоса, знаний, общения и медленного роста.	27 лет	7006 **4**	7033 **4**
	25 лет	7033 **4**	7058 **2**
С 7059 по 7111 год **27** лет в цикле **3**: Для возможностей, сообщества, общения и изобилия. **25** лет в цикле **1**: Для начинаний, идей, инициативы и объединения.	27 лет	7059 **3**	7086 **3**
	25 лет	7086 **3**	7111 **1**

С 7112 по 7164 год **27 лет в цикле 2**: Для хаоса, знаний, общения и медленного роста. **25 лет в цикле 9**: Для замыкания круга перед новым стартом.	27 лет	7112 **2**	7139 **2**
	25 лет	7139 **2**	7164 **9**
С 7165 по 7217 год **27 лет в цикле 1**: Для начинаний, идей, инициативы и объединения. **25 лет в цикле 8**: Для обратной связи, порядка, ответственности, роста и укрепления.	27 лет	7165 **1**	7192 **1**
	25 лет	7192 **1**	7217 **8**
С 7218 по 7270 год **27 лет в цикле 9**: Для замыкания круга перед новым стартом. **25 лет в цикле 7**: Для исправления, духовности, Творец вмешивается во благо.	27 лет	7218 **9**	7245 **9**
	25 лет	7245 **9**	7270 **7**
С 7271 по 7323 год **27 лет в цикле 8**: Для обратной связи, порядка, ответственности, роста и укрепления. **25 лет в цикле 6**: Для обязательств, сообществ, объединения, знаний и открытий.	27 лет	7271 **8**	7298 **8**
	25 лет	7298 **8**	7323 **6**

С 7324 по 7376 год **27 лет в цикле 7**: Для исправления, духовности, Творец вмешивается во благо. **25 лет в цикле 5**: Для единства, порядка, демонтажа старого и восстановления справедливости.	27 лет	7324 **7**	7351 **7**
	25 лет	7351 **7**	7376 **5**
С 7377 по 7429 год **27 лет в цикле 6**: Для обязательств, сообществ, объединения, знаний и открытий. **25 лет в цикле 4**: Для порядка, роста, развития и укрепления.	27 лет	7377 **6**	7404 **6**
	25 лет	7430 **6**	7429 **4**
С 7430 по 7482 год **27 лет в цикле 5**: Для единства, порядка, демонтажа старого и восстановления справедливости. **25 лет в цикле 3**: Для возможностей, сообщества, общения и изобилия.	27 лет	7430 **5**	7457 **5**
	25 лет	7457 **5**	7482 **3**
С 7483 по 7535 год **27 лет в цикле 4**: Для порядка, роста, развития и укрепления. **25 лет в цикле 2**: Для хаоса, знаний, общения и медленного роста.	27 лет	7483 **4**	7510 **4**
	25 лет	7510 **4**	7535 **2**

С 7536 по 7588 год 27 лет в цикле **3**: Для возможностей, сообщества, общения и изобилия. 25 лет в цикле **1**: Для начинаний, идей, инициативы и объединения.	27 лет	7536 **3**	7563 **3**
	25 лет	7563 **3**	7588 **1**
С 7589 по 7641 год 27 лет в цикле **2**: Для хаоса, знаний, общения и медленного роста. 25 лет в цикле **9**: Для замыкания круга перед новым стартом.	27 лет	7589 **2**	7616 **2**
	25 лет	7616 **2**	7641 **9**
С 7642 по 7694 год 27 лет в цикле **1**: Для начинаний, идей, инициативы и объединения. 25 лет в цикле **8**: Для обратной связи, порядка, ответственности, роста и укрепления.	27 лет	7642 **1**	7669 **1**
	25 лет	7669 **1**	7694 **8**
С 7695 по 7747 год 27 лет в цикле **9**: Для замыкания круга перед новым стартом. 25 лет в цикле **7**: Для исправления, духовности, Творец вмешивается во благо.	27 лет	7695 **9**	7722 **9**
	25 лет	7722 **9**	7747 **7**

С 7748 по 7800 год 27 лет в цикле **8**: Для обратной связи, порядка, ответственности, роста и укрепления. 25 лет в цикле **6**: Для обязательств, сообществ, объединения, знаний и открытий.	27 лет	7748 **8**	7775 **8**
	25 лет	7775 **8**	7800 **6**
С 7801 по 7853 год 27 лет в цикле **7**: Для исправления, духовности, Творец вмешивается во благо. 25 лет в цикле **5**: Для единства, порядка, демонтажа старого и восстановления справедливости.	27 лет	7801 **7**	7828 **7**
	25 лет	7828 **7**	7853 **5**
С 7854 по 7906 год 27 лет в цикле **6**: Для обязательств, сообществ, объединения, знаний и открытий. 25 лет в цикле **4**: Для порядка, роста, развития и укрепления.	27 лет	7854 **6**	7881 **6**
	25 лет	7881 **6**	7906 **4**
С 7907 по 7959 год **7956 год** **Начало Лучей Эпохи Скорпиона** 27 лет в цикле **5**: Для единства, порядка, демонтажа старого и восстановления справедливости. 25 лет в цикле **3**: Для возможностей, сообщества, общения и изобилия.	27 лет	7907 **5**	7934 **5**
	25 лет	7934 **5**	7959 **3**

С 7960 по 8012 год	27 лет	7960 **4**	7987 **4**
27 лет в цикле **4**: Для порядка, роста, развития и укрепления. 25 лет в цикле **2**: Для хаоса, знаний, общения и медленного роста.	25 лет	7987 **4**	8012 **2**
С 8013 по 8065 год	27 лет	8013 **3**	8040 **3**
27 лет в цикле **3**: Для возможностей, сообщества, общения и изобилия. 25 лет в цикле **1**: Для начинаний, идей, инициативы и объединения.	25 лет	8040 **3**	8065 **1**
С 8066 по 8118 год	27 лет	8066 **2**	8093 **2**
27 лет в цикле **2**: Для хаоса, знаний, общения и медленного роста. 25 лет в цикле **9**: Для замыкания круга перед новым стартом.	25 лет	8093 **2**	8118 **9**
С 8119 по 8171 год	27 лет	8119 **1**	8146 **1**
27 лет в цикле **1**: Для начинаний, идей, инициативы и объединения. 25 лет в цикле **8**: Для обратной связи, порядка, ответственности, роста и укрепления.	25 лет	8146 **1**	8171 **8**

С 8172 по 8224 год <u>27 лет в цикле **9**</u>: Для замыкания круга перед новым стартом. <u>25 лет в цикле **7**</u>: Для исправления, духовности, Творец вмешивается во благо.	27 лет	8172 **9**	8199 **9**
	25 лет	8199 **9**	8224 **7**
С 8225 по 8277 год <u>27 лет в цикле **8**</u>: Для обратной связи, порядка, ответственности, роста и укрепления. <u>25 лет в цикле **6**</u>: Для обязательств, сообществ, объединения, знаний и открытий.	27 лет	8225 **8**	8252 **8**
	25 лет	8252 **8**	8277 **6**
С 8278 по 8330 год <u>27 лет в цикле **7**</u>: Для исправления, духовности, Творец вмешивается во благо. <u>25 лет в цикле **5**</u>: Для единства, порядка, демонтажа старого и восстановления справедливости.	27 лет	8278 **7**	8305 **7**
	25 лет	8305 **7**	8330 **5**
С 8331 по 8383 год <u>27 лет в цикле **6**</u>: Для обязательств, сообществ, объединения, знаний и открытий. <u>25 лет в цикле **4**</u>: Для порядка, роста, развития и укрепления.	27 лет	8331 **6**	8358 **6**
	25 лет	8358 **6**	8383 **4**

С 8384 по 8436 год **8424 год** **Начало Эпохи Скорпиона** **27** лет в цикле **5**: Для единства, порядка, демонтажа старого и восстановления справедливости. **25** лет в цикле **3**: Для возможностей, сообщества, общения и изобилия.	27 лет	8384 **5**	8411 **5**
	25 лет	8411 **5**	8436 **3**
С 8437 по 8489 год **27** лет в цикле **4**: Для порядка, роста, развития и укрепления. **25** лет в цикле **2**: Для хаоса, знаний, общения и медленного роста.	27 лет	8437 **4**	8464 **4**
	25 лет	8464 **4**	8489 **2**
С 8490 по 8542 год **27** лет в цикле **3**: Для возможностей, сообщества, общения и изобилия. **25** лет в цикле **1**: Для начинаний, идей, инициативы и объединения.	27 лет	8490 **3**	8517 **3**
	25 лет	8517 **3**	8542 **1**
С 8543 по 8595 год **27** лет в цикле **2**: Для хаоса, знаний, общения и медленного роста. **25** лет в цикле **9**: Для замыкания круга перед новым стартом.	27 лет	8543 **2**	8570 **2**
	25 лет	8570 **2**	8595 **9**

С 8596 по 8648 год 27 лет в цикле 1: Для начинаний, идей, инициативы и объединения. 25 лет в цикле 8: Для обратной связи, порядка, ответственности, роста и укрепления.	27 лет	8596 **1**	8623 **1**
	25 лет	8623 **1**	8648 **8**
С 8649 по 8701 год 27 лет в цикле 9: Для замыкания круга перед новым стартом. 25 лет в цикле 7: Для исправления, духовности, Творец вмешивается во благо.	27 лет	8649 **9**	8676 **9**
	25 лет	8676 **9**	8701 **7**
С 8702 по 8754 год 27 лет в цикле 8: Для обратной связи, порядка, ответственности, роста и укрепления. 25 лет в цикле 6: Для обязательств, сообществ, объединения, знаний и открытий.	27 лет	8702 **8**	8729 **8**
	25 лет	8729 **8**	8754 **6**
С 8755 по 8807 год 27 лет в цикле 7: Для исправления, духовности, Творец вмешивается во благо. 25 лет в цикле 5: Для единства, порядка, демонтажа старого и восстановления справедливости.	27 лет	8755 **7**	8782 **7**
	25 лет	8782 **7**	8807 **5**

	27 лет	8808 **6**	8835 **6**
С 8808 по 8860 год **27** лет в цикле **6**: Для обязательств, сообществ, объединения, знаний и открытий. **25** лет в цикле **4**: Для порядка, роста, развития и укрепления.	25 лет	8835 **6**	8860 **4**
	27 лет	8861 **5**	8888 **5**
С 8861 по 8913 год **27** лет в цикле **5**: Для единства, порядка, демонтажа старого и восстановления справедливости. **25** лет в цикле **3**: Для возможностей, сообщества, общения и изобилия.	25 лет	8888 **5**	8913 **3**
	27 лет	8914 **4**	8941 **4**
С 8914 по 8966 год **27** лет в цикле **4**: Для порядка, роста, развития и укрепления. **25** лет в цикле **2**: Для хаоса, знаний, общения и медленного роста.	25 лет	8941 **4**	8966 **2**
	27 лет	8967 **3**	8994 **3**
С 8967 по 9019 год **27** лет в цикле **3**: Для возможностей, сообщества, общения и изобилия. **25** лет в цикле **1**: Для начинаний, идей, инициативы и объединения.	25 лет	8994 **3**	9019 **1**

С 9020 по 9072 год **27 лет в цикле 2:** Для хаоса, знаний, общения и медленного роста. **25 лет в цикле 9:** Для замыкания круга перед новым стартом.	27 лет	9020 **2**	9047 **2**
	25 лет	9047 **2**	9072 **9**
С 9073 по 9125 год **27 лет в цикле 1:** Для начинаний, идей, инициативы и объединения. **25 лет в цикле 8:** Для обратной связи, порядка, ответственности, роста и укрепления.	27 лет	9073 **1**	9100 **1**
	25 лет	9100 **1**	9125 **8**
С 9126 по 9178 год **27 лет в цикле 9:** Для замыкания круга перед новым стартом. **25 лет в цикле 7:** Для исправления, духовности, Творец вмешивается во благо.	27 лет	9126 **9**	9153 **9**
	25 лет	9153 **9**	9178 **7**
С 9179 по 9231 год **27 лет в цикле 8:** Для обратной связи, порядка, ответственности, роста и укрепления. **25 лет в цикле 6:** Для обязательств, сообществ, объединения, знаний и открытий.	27 лет	9179 **8**	9206 **8**
	25 лет	9206 **8**	9231 **6**

С 9232 по 9284 год 27 лет в цикле 7: Для исправления, духовности, Творец вмешивается во благо. 25 лет в цикле 5: Для единства, порядка, демонтажа старого и восстановления справедливости.	27 лет	9232 **7**	9259 **7**
	25 лет	9259 **7**	9284 **5**
С 9285 по 9337 год 27 лет в цикле 6: Для обязательств, сообществ, объединения, знаний и открытий. 25 лет в цикле 4: Для порядка, роста, развития и укрепления.	27 лет	9285 **6**	9312 **6**
	25 лет	9312 **6**	9337 **4**
С 9338 по 9390 год 27 лет в цикле 5: Для единства, порядка, демонтажа старого и восстановления справедливости. 25 лет в цикле 3: Для возможностей, сообщества, общения и изобилия.	27 лет	9338 **5**	9365 **5**
	25 лет	9365 **5**	9390 **3**
С 9391 по 9443 год 27 лет в цикле 4: Для порядка, роста, развития и укрепления. 25 лет в цикле 2: Для хаоса, знаний, общения и медленного роста.	27 лет	9391 **4**	9418 **4**
	25 лет	9418 **4**	9443 **2**

С 9444 по 9496 год **27** лет в цикле **3**: Для возможностей, сообщества, общения и изобилия. **25** лет в цикле **1**: Для начинаний, идей, инициативы и объединения.	27 лет	9444 **3**	9471 **3**
	25 лет	9471 **3**	9496 **1**
С 9497 по 9549 год **27** лет в цикле **2**: Для хаоса, знаний, общения и медленного роста. **25** лет в цикле **9**: Для замыкания круга перед новым стартом.	27 лет	9497 **2**	9524 **2**
	25 лет	9524 **2**	9549 **9**
С 9550 по 9602 год **27** лет в цикле **1**: Для начинаний, идей, инициативы и объединения. **25** лет в цикле **8**: Для обратной связи, порядка, ответственности, роста и укрепления.	27 лет	9550 **1**	9577 **1**
	25 лет	9577 **1**	9602 **8**
С 9603 по 9655 год **27** лет в цикле **9**: Для замыкания круга перед новым стартом. **25** лет в цикле **7**: Для исправления, духовности, Творец вмешивается во благо.	27 лет	9603 **9**	9630 **9**
	25 лет	9630 **9**	9655 **7**

С 9656 по 9708 год **27** лет в цикле **8**: Для обратной связи, порядка, ответственности, роста и укрепления. **25** лет в цикле **6**: Для обязательств, сообществ, объединения, знаний и открытий.	27 лет	9656 **8**	9683 **8**
	25 лет	9683 **8**	9708 **6**
С 9709 по 9761 год **27** лет в цикле **7**: Для исправления, духовности, Творец вмешивается во благо. **25** лет в цикле **5**: Для единства, порядка, демонтажа старого и восстановления справедливости.	27 лет	9709 **7**	9736 **7**
	25 лет	9736 **7**	9761 **5**
С 9762 по 9814 год **27** лет в цикле **6**: Для обязательств, сообществ, объединения, знаний и открытий. **25** лет в цикле **4**: Для порядка, роста, развития и укрепления.	27 лет	9762 **6**	9789 **6**
	25 лет	9789 **6**	9814 **4**
С 9815 по 9867 год **27** лет в цикле **5**: Для единства, порядка, демонтажа старого и восстановления справедливости. **25** лет в цикле **3**: Для возможностей, сообщества, общения и изобилия.	27 лет	9815 **5**	9842 **5**
	25 лет	9842 **5**	9867 **3**

С 9868 по 9920 год **27 лет в цикле 4**: Для порядка, роста, развития и укрепления. **25 лет в цикле 2**: Для хаоса, знаний, общения и медленного роста.	27 лет	9868 **4**	9895 **4**
	25 лет	9895 **4**	9920 **2**
С 9921 по 9973 год **27 лет в цикле 3**: Для возможностей, сообщества, общения и изобилия. **25 лет в цикле 1**: Для начинаний, идей, инициативы и объединения.	27 лет	9921 **3**	9948 **3**
	25 лет	9948 **3**	9973 **1**
С 9974 по 10,026 год **27 лет в цикле 2**: Для хаоса, знаний, общения и медленного роста. **25 лет в цикле 9**: Для замыкания круга перед новым стартом.	27 лет	9974 **2**	10,001 **2**
	25 лет	10,001 **2**	10,026 **9**
С 10,027 по 10,079 год **10,062 год** **Начало лучей Эпохи Весов** **27 лет в цикле 1**: Для начинаний, идей, инициативы и объединения. **25 лет в цикле 8**: Для обратной связи, порядка, ответственности, роста и укрепления.	27 лет	10,027 **1**	10,054 **1**
	25 лет	10,054 **1**	10,079 **8**

С 10,080 по 10,132 год **27** лет в цикле **9**: Для замыкания круга перед новым стартом. **25** лет в цикле **7**: Для исправления, духовности, Творец вмешивается во благо.	27 лет	10,080 **9**	10,107 **9**
	25 лет	10,107 **9**	10,132 **7**
С 10,133 по 10,185 год **27** лет в цикле **8**: Для обратной связи, порядка, ответственности, роста и укрепления. **25** лет в цикле **6**: Для обязательств, сообществ, объединения, знаний и открытий.	27 лет	10,133 **8**	10,160 **8**
	25 лет	10,160 **8**	10,185 **6**
С 10,186 по 10,238 год **27** лет в цикле **7**: Для исправления, духовности, Творец вмешивается во благо. **25** лет в цикле **5**: Для единства, порядка, демонтажа старого и восстановления справедливости.	27 лет	10,186 **7**	10,213 **7**
	25 лет	10,213 **7**	10,238 **5**
С 10,239 по 10,291 год **27** лет в цикле **6**: Для обязательств, сообществ, объединения, знаний и открытий. **25** лет в цикле **4**: Для порядка, роста, развития и укрепления.	27 лет	10,239 **6**	10,266 **6**
	25 лет	10,266 **6**	10,291 **4**

С 10,292 по 10,344 год **27** лет в цикле **5**: Для единства, порядка, демонтажа старого и восстановления справедливости. **25** лет в цикле **3**: Для возможностей, сообщества, общения и изобилия.	27 лет	10,292 **5**	10,319 **5**
	25 лет	10,319 **5**	10,344 **3**
С 10,345 по 10,397 год **27** лет в цикле **4**: Для порядка, роста, развития и укрепления. **25** лет в цикле **2**: Для хаоса, знаний, общения и медленного роста.	27 лет	10,345 **4**	10,372 **4**
	25 лет	10,372 **4**	10,397 **2**
С 10,398 по 10,450 год **27** лет в цикле **3**: Для возможностей, сообщества, общения и изобилия. **25** лет в цикле **1**: Для начинаний, идей, инициативы и объединения.	27 лет	10,398 **3**	10,425 **3**
	25 лет	10,425 **3**	10,450 **1**
С 10,451 по 10,503 год **27** лет в цикле **2**: Для хаоса, знаний, общения и медленного роста. **25** лет в цикле **9**: Для замыкания круга перед новым стартом.	27 лет	10,451 **2**	10,478 **2**
	25 лет	10,478 **2**	10,503 **9**

С 10,504 по 10,556 год **10,530 год** **Начало Эпохи Весов** 27 лет в цикле 1: Для начинаний, идей, инициативы и объединения. 25 лет в цикле 8: Для обратной связи, порядка, ответственности, роста и укрепления.	27 лет	10,504 **1**	10,531 **1**
	25 лет	10,531 **1**	10,556 **8**

С 10,557 по 10,609 год 27 лет в цикле 9: Для замыкания круга перед новым стартом. 25 лет в цикле 7: Для исправления, духовности, Творец вмешивается во благо.	27 лет	10,557 **9**	10,584 **9**
	25 лет	10,584 **9**	10,609 **7**

С 10,610 по 10,662 год 27 лет в цикле 8: Для обратной связи, порядка, ответственности, роста и укрепления. 25 лет в цикле 6: Для обязательств, сообществ, объединения, знаний и открытий.	27 лет	10,610 **8**	10,637 **8**
	25 лет	10,637 **8**	10,662 **6**

С 10,663 по 10,715 год 27 лет в цикле 7: Для исправления, духовности, Творец вмешивается во благо. 25 лет в цикле 5: Для единства, порядка, демонтажа старого и восстановления справедливости.	27 лет	10,663 **7**	10,690 **7**
	25 лет	10,690 **7**	10,715 **5**

С 10,716 по 10,768 год **27** лет в цикле **6**: Для обязательств, сообществ, объединения, знаний и открытий. **25** лет в цикле **4**: Для порядка, роста, развития и укрепления.	27 лет	10,716 **6**	10,743 **6**
	25 лет	10,743 **6**	10,768 **4**
С 10,769 по 10,821 год **27** лет в цикле **5**: Для единства, порядка, демонтажа старого и восстановления справедливости. **25** лет в цикле **3**: Для возможностей, сообщества, общения и изобилия.	27 лет	10,769 **5**	10,796 **5**
	25 лет	10,796 **5**	10,821 **3**
С 10,822 по 10,874 год **27** лет в цикле **4**: Для порядка, роста, развития и укрепления. **25** лет в цикле **2**: Для хаоса, знаний, общения и медленного роста.	27 лет	10,822 **4**	10,849 **4**
	25 лет	10,849 **4**	10,874 **2**
С 10,875 по 10,927 год **27** лет в цикле **3**: Для возможностей, сообщества, общения и изобилия. **25** лет в цикле **1**: Для начинаний, идей, инициативы и объединения.	27 лет	10,875 **3**	10,902 **3**
	25 лет	10,902 **3**	10,927 **1**

С 10,928 по 10,980 год **27 лет в цикле 2**: Для хаоса, знаний, общения и медленного роста. **25 лет в цикле 9**: Для замыкания круга перед новым стартом.	27 лет	10,928 **2**	10,955 **2**
	25 лет	10,955 **2**	10,980 **9**
С 10,981 по 11,033 год **27 лет в цикле 1**: Для начинаний, идей, инициативы и объединения. **25 лет в цикле 8**: Для обратной связи, порядка, ответственности, роста и укрепления.	27 лет	10,981 **1**	11,008 **1**
	25 лет	11,008 **1**	11,033 **8**
С 11,034 по 11,086 год **27 лет в цикле 9**: Для замыкания круга перед новым стартом. **25 лет в цикле 7**: Для исправления, духовности, Творец вмешивается во благо.	27 лет	11,034 **9**	11,061 **9**
	25 лет	11,061 **4**	11,086 **7**
С 11,087 по 11,139 год **27 лет в цикле 8**: Для обратной связи, порядка, ответственности, роста и укрепления. **25 лет в цикле 6**: Для обязательств, сообществ, объединения, знаний и открытий.	27 лет	11,087 **8**	11,114 **8**
	25 лет	11,114 **8**	11,139 **6**

С 11,140 по 11,192 год 27 лет в цикле 7: Для исправления, духовности, Творец вмешивается во благо. 25 лет в цикле 5: Для единства, порядка, демонтажа старого и восстановления справедливости.	27 лет	11,140 **7**	11,167 **7**
	25 лет	11,167 **7**	11,192 **5**
С 11,193 по 11,245 год 27 лет в цикле 6: Для обязательств, сообществ, объединения, знаний и открытий. 25 лет в цикле 4: Для порядка, роста, развития и укрепления.	27 лет	11,193 **6**	11,220 **6**
	25 лет	11,220 **6**	11,245 **4**
С 11,246 по 11,298 год 27 лет в цикле 5: Для единства, порядка, демонтажа старого и восстановления справедливости. 25 лет в цикле 3: Для возможностей, сообщества, общения и изобилия.	27 лет	11,246 **5**	11,273 **5**
	25 лет	11,273 **5**	11,298 **3**
С 11,299 по 11,351 год 27 лет в цикле 4: Для порядка, роста, развития и укрепления. 25 лет в цикле 2: Для хаоса, знаний, общения и медленного роста.	27 лет	11,299 **4**	11,326 **4**
	25 лет	11,326 **4**	11,351 **2**

С 11,352 по 11,404 год **27 лет в цикле 3**: Для возможностей, сообщества, общения и изобилия. **25 лет в цикле 1**: Для начинаний, идей, инициативы и объединения.	27 лет	11,352 **3**	11,379 **3**
	25 лет	11,379 **3**	11,404 **1**
С 11,405 по 11,457 год **27 лет в цикле 2**: Для хаоса, знаний, общения и медленного роста. **25 лет в цикле 9**: Для замыкания круга перед новым стартом.	27 лет	11,405 **2**	11,432 **2**
	25 лет	11,432 **2**	11,457 **9**
С 11,458 по 11,510 год **27 лет в цикле 1**: Для начинаний, идей, инициативы и объединения. **25 лет в цикле 8**: Для обратной связи, порядка, ответственности, роста и укрепления.	27 лет	11,458 **1**	11,485 **1**
	25 лет	11,485 **1**	11,510 **8**
С 11,511 по 11,563 год **27 лет в цикле 9**: Для замыкания круга перед новым стартом. **25 лет в цикле 7**: Для исправления, духовности, Творец вмешивается во благо.	27 лет	11,511 **9**	11,538 **9**
	25 лет	11,538 **9**	11,563 **7**

С 11,564 по 11,616 год _27 лет в цикле_ **8**: Для обратной связи, порядка, ответственности, роста и укрепления. _25 лет в цикле_ **6**: Для обязательств, сообществ, объединения, знаний и открытий.	27 лет	11,564 **8**	11,591 **8**
	25 лет	11,591 **8**	11,616 **6**
С 11,617 по 11,669 год _27 лет в цикле_ **7**: Для исправления, духовности, Творец вмешивается во благо. _25 лет в цикле_ **5**: Для единства, порядка, демонтажа старого и восстановления справедливости.	27 лет	11,617 **7**	11,644 **7**
	25 лет	11,644 **7**	11,669 **5**
С 11,670 по 11,722 год _27 лет в цикле_ **6**: Для обязательств, сообществ, объединения, знаний и открытий. _25 лет в цикле_ **4**: Для порядка, роста, развития и укрепления.	27 лет	11,670 **6**	11,697 **6**
	25 лет	11,697 **6**	11,722 **4**
С 11,723 по 11,775 год _27 лет в цикле_ **5**: Для единства, порядка, демонтажа старого и восстановления справедливости. _25 лет в цикле_ **3**: Для возможностей, сообщества, общения и изобилия.	27 лет	11,723 **5**	11,750 **5**
	25 лет	11,750 **5**	11,775 **3**

С 11,776 по 11,828 год **27** лет в цикле **4**: Для порядка, роста, развития и укрепления. **25** лет в цикле **2**: Для хаоса, знаний, общения и медленного роста.	27 лет	11,776 **4**	11,803 **4**
	25 лет	11,803 **4**	11,828 **2**
С 11,829 по 11,881 год **27** лет в цикле **3**: Для возможностей, сообщества, общения и изобилия. **25** лет в цикле **1**: Для начинаний, идей, инициативы и объединения.	27 лет	11,829 **3**	11,856 **3**
	25 лет	11,856 **3**	11,881 **1**
С 11,882 по 11,934 год **27** лет в цикле **2**: Для хаоса, знаний, общения и медленного роста. **25** лет в цикле **9**: Для замыкания круга перед новым стартом.	27 лет	11,882 **2**	11,909 **2**
	25 лет	11,909 **2**	11,934 **9**
С 11,935 по 11,987 год **27** лет в цикле **1**: Для начинаний, идей, инициативы и объединения. **25** лет в цикле **8**: Для обратной связи, порядка, ответственности, роста и укрепления.	27 лет	11,935 **1**	11,962 **1**
	25 лет	11,962 **1**	11,987 **8**

С 11,988 по 12,040 год 27 лет в цикле **9**: Для замыкания круга перед новым стартом.	27 лет	**11,988** **9**	**12,015** **9**
25 лет в цикле **7**: Для исправления, духовности, Творец вмешивается во благо.	25 лет	**12,015** **9**	**12,040** **7**
С 12,041 по 12,093 год 27 лет в цикле **8**: Для обратной связи, порядка, ответственности, роста и укрепления.	27 лет	**12,041** **8**	**12,068** **8**
25 лет в цикле **6**: Для обязательств, сообществ, объединения, знаний и открытий.	25 лет	**12,068** **8**	**12,093** **6**
С 12,094 по 12,146 год 27 лет в цикле **7**: Для исправления, духовности, Творец вмешивается во благо.	27 лет	**12,094** **7**	**12,121** **7**
25 лет в цикле **5**: Для единства, порядка, демонтажа старого и восстановления справедливости.	25 лет	**12,121** **7**	**12,146** **5**
С 12,147 по 12,199 год **12,168 год** **Начало Лучей Эпохи Девы** 27 лет в цикле **6**: Для обязательств, сообществ, объединения, знаний и открытий.	27 лет	**12,147** **6**	**12,174** **6**
25 лет в цикле **4**: Для порядка, роста, развития и укрепления.	25 лет	**12,174** **6**	**12,199** **4**

С 12,200 по 12,252 год **27 лет в цикле 5**: Для единства, порядка, демонтажа старого и восстановления справедливости. **25 лет в цикле 3**: Для возможностей, сообщества, общения и изобилия.	27 лет	12,200 **5**	12,227 **5**
	25 лет	12,227 **5**	12,252 **3**
С 12,253 по 12,305 год **27 лет в цикле 4**: Для порядка, роста, развития и укрепления. **25 лет в цикле 2**: Для хаоса, знаний, общения и медленного роста.	27 лет	12,253 **4**	12,280 **4**
	25 лет	12,280 **4**	12,305 **2**
С 12,306 по 12,358 год **27 лет в цикле 3**: Для возможностей, сообщества, общения и изобилия. **25 лет в цикле 1**: Для начинаний, идей, инициативы и объединения.	27 лет	12,306 **3**	12,333 **3**
	25 лет	12,333 **3**	12,358 **1**
С 12,359 по 12,411 год **27 лет в цикле 2**: Для хаоса, знаний, общения и медленного роста. **25 лет в цикле 9**: Для замыкания круга перед новым стартом.	27 лет	12,359 **2**	12,386 **2**
	25 лет	12,386 **2**	12,411 **9**

С 12,412 по 12,464 год **27 лет в цикле 1:** Для начинаний, идей, инициативы и объединения. **25 лет в цикле 8:** Для обратной связи, порядка, ответственности, роста и укрепления.	27 лет	12,412 **1**	12,439 **1**
	25 лет	12,439 **1**	12,464 **8**
С 12,465 по 12,517 год **27 лет в цикле 9:** Для замыкания круга перед новым стартом. **25 лет в цикле 7:** Для исправления, духовности, Творец вмешивается во благо.	27 лет	12,465 **9**	12,492 **9**
	25 лет	12,492 **9**	12,517 **7**
С 12,518 по 12,570 год **27 лет в цикле 8:** Для обратной связи, порядка, ответственности, роста и укрепления. **25 лет в цикле 6:** Для обязательств, сообществ, объединения, знаний и открытий.	27 лет	12,518 **8**	12,545 **8**
	25 лет	12,545 **8**	12,570 **6**
С 12,571 по 12,623 год **27 лет в цикле 7:** Для исправления, духовности, Творец вмешивается во благо. **25 лет в цикле 5:** Для единства, порядка, демонтажа старого и восстановления справедливости.	27 лет	12,571 **7**	12,598 **7**
	25 лет	12,598 **7**	12,623 **5**

С 12,624 по 12,676 год **12,636 год** **Начало Эпохи Девы** 27 лет в цикле **6**: Для обязательств, сообществ, объединения, знаний и открытий. 25 лет в цикле **4**: Для порядка, роста, развития и укрепления.	27 лет	12,624 **6**	12,651 **6**
	25 лет	12,651 **6**	12,676 **4**
С 12,677 по 12,729 год 27 лет в цикле **5**: Для единства, порядка, демонтажа старого и восстановления справедливости. 25 лет в цикле **3**: Для возможностей, сообщества, общения и изобилия.	27 лет	12,677 **5**	12,704 **5**
	25 лет	12,704 **5**	12,729 **3**
С 12,730 по 12,782 год 27 лет в цикле **4**: Для порядка, роста, развития и укрепления. 25 лет в цикле **2**: Для хаоса, знаний, общения и медленного роста.	27 лет	12,730 **4**	12,757 **4**
	25 лет	12,757 **4**	12,782 **2**
С 12,783 по 12,835 год 27 лет в цикле **3**: Для возможностей, сообщества, общения и изобилия. 25 лет в цикле **1**: Для начинаний, идей, инициативы и объединения.	27 лет	12,783 **3**	12,810 **3**
	25 лет	12,810 **3**	12,835 **1**

С 12,836 по 12,888 год 27 лет в цикле **2**: Для хаоса, знаний, общения и медленного роста. 25 лет в цикле **9**: Для замыкания круга перед новым стартом.	27 лет	12,836 **2**	12,863 **2**
	25 лет	12,863 **2**	12,888 **9**
С 12,889 по 12,941 год 27 лет в цикле **1**: Для начинаний, идей, инициативы и объединения. 25 лет в цикле **8**: Для обратной связи, порядка, ответственности, роста и укрепления.	27 лет	12,889 **1**	12,916 **1**
	25 лет	12,916 **1**	12,941 **8**
С 12,942 по 12,994 год 27 лет в цикле **9**: Для замыкания круга перед новым стартом. 25 лет в цикле **7**: Для исправления, духовности, Творец вмешивается во благо.	27 лет	12,942 **9**	12,969 **9**
	25 лет	12,969 **9**	12,994 **7**
С 12,995 по 13,047 год 27 лет в цикле **8**: Для обратной связи, порядка, ответственности, роста и укрепления. 25 лет в цикле **6**: Для обязательств, сообществ, объединения, знаний и открытий.	27 лет	12,995 **8**	13,022 **8**
	25 лет	13,022 **8**	13,047 **6**

С 13,048 по 13,100 год *27 лет в цикле 7*: Для исправления, духовности, Творец вмешивается во благо.	27 лет	13,048 **7**	13,075 **7**
25 лет в цикле 5: Для единства, порядка, демонтажа старого и восстановления справедливости.	25 лет	13,075 **7**	13,100 **5**
С 13,101 по 13,153 год *27 лет в цикле 6*: Для обязательств, сообществ, объединения, знаний и открытий.	27 лет	13,101 **6**	13,128 **6**
25 лет в цикле 4: Для порядка, роста, развития и укрепления.	25 лет	13,128 **6**	13,153 **4**
С 13,154 по 13,206 год *27 лет в цикле 5*: Для единства, порядка, демонтажа старого и восстановления справедливости.	27 лет	13,154 **5**	13,181 **5**
25 лет в цикле 3: Для возможностей, сообщества, общения и изобилия.	25 лет	13,181 **5**	13,206 **3**
С 13,207 по 13,259 год *27 лет в цикле 4*: Для порядка, роста, развития и укрепления.	27 лет	13,207 **4**	13,234 **4**
25 лет в цикле 2: Для хаоса, знаний, общения и медленного роста.	25 лет	13,234 **4**	13,259 **2**

С 13,260 по 13,312 год 27 лет в цикле **3**: Для возможностей, сообщества, общения и изобилия. 25 лет в цикле **1**: Для начинаний, идей, инициативы и объединения.	27 лет	13,260 **3**	13,287 **3**
	25 лет	13,287 **3**	13,312 **1**
С 13,313 по 13,365 год 27 лет в цикле **2**: Для хаоса, знаний, общения и медленного роста. 25 лет в цикле **9**: Для замыкания круга перед новым стартом.	27 лет	13,313 **2**	13,340 **2**
	25 лет	13,340 **2**	13,365 **9**
С 13,366 по 13,418 год 27 лет в цикле **1**: Для начинаний, идей, инициативы и объединения. 25 лет в цикле **8**: Для обратной связи, порядка, ответственности, роста и укрепления.	27 лет	13,366 **1**	13,393 **1**
	25 лет	13,393 **1**	13,418 **8**
С 13,419 по 13,471 год 27 лет в цикле **9**: Для замыкания круга перед новым стартом. 25 лет в цикле **7**: Для исправления, духовности, Творец вмешивается во благо.	27 лет	13,419 **9**	13,446 **9**
	25 лет	13,446 **9**	13,471 **7**

С 13,472 по 13,524 год 27 лет в цикле **8**: Для обратной связи, порядка, ответственности, роста и укрепления. 25 лет в цикле **6**: Для обязательств, сообществ, объединения, знаний и открытий.	27 лет	13,472 **8**	13,499 **8**
	25 лет	13,499 **8**	13,524 **6**
С 13,525 по 13,577 год 27 лет в цикле **7**: Для исправления, духовности, Творец вмешивается во благо. 25 лет в цикле **5**: Для единства, порядка, демонтажа старого и восстановления справедливости.	27 лет	13,525 **7**	13,552 **7**
	25 лет	13,552 **7**	13,577 **5**
С 13,578 по 13,630 год 27 лет в цикле **6**: Для обязательств, сообществ, объединения, знаний и открытий. 25 лет в цикле **4**: Для порядка, роста, развития и укрепления.	27 лет	13,578 **6**	13,605 **6**
	25 лет	13,605 **6**	13,630 **4**
С 13,631 по 13,683 год 27 лет в цикле **5**: Для единства, порядка, демонтажа старого и восстановления справедливости. 25 лет в цикле **3**: Для возможностей, сообщества, общения и изобилия.	27 лет	13,631 **5**	13,658 **5**
	25 лет	13,658 **5**	13,683 **3**

С 13,684 по 13,736 год **27** лет в цикле **4**: Для порядка, роста, развития и укрепления. **25** лет в цикле **2**: Для хаоса, знаний, общения и медленного роста.	27 лет	13,684 **4**	13,711 **4**
	25 лет	13,711 **4**	13,736 **2**
С 13,737 по 13,789 год **27** лет в цикле **3**: Для возможностей, сообщества, общения и изобилия. **25** лет в цикле **1**: Для начинаний, идей, инициативы и объединения.	27 лет	13,737 **3**	13,764 **3**
	25 лет	13,764 **3**	13,789 **1**
С 13,790 по 13,842 год **27** лет в цикле **2**: Для хаоса, знаний, общения и медленного роста. **25** лет в цикле **9**: Для замыкания круга перед новым стартом.	27 лет	13,790 **2**	13,817 **2**
	25 лет	13,817 **2**	13,842 **9**
С 13,843 по 13,895 год **27** лет в цикле **1**: Для начинаний, идей, инициативы и объединения. **25** лет в цикле **8**: Для обратной связи, порядка, ответственности, роста и укрепления.	27 лет	13,843 **1**	13,870 **1**
	25 лет	13,870 **1**	13,895 **8**

С 13,896 по 13,948 год **27** лет в цикле **9**: Для замыкания круга перед новым стартом. **25** лет в цикле **7**: Для исправления, духовности, Творец вмешивается во благо.	27 лет	13,896 **9**	13,923 **9**
	25 лет	13,923 **9**	13,948 **7**
С 13,949 по 14,001 год **27** лет в цикле **8**: Для обратной связи, порядка, ответственности, роста и укрепления. **25** лет в цикле **6**: Для обязательств, сообществ, объединения, знаний и открытий.	27 лет	13,949 **8**	13,979 **8**
	25 лет	13,979 **8**	14,001 **6**
С 14,002 по 14,054 год **27** лет в цикле **7**: Для исправления, духовности, Творец вмешивается во благо. **25** лет в цикле **5**: Для единства, порядка, демонтажа старого и восстановления справедливости.	27 лет	14,002 **7**	14,029 **7**
	25 лет	14,029 **7**	14,054 **5**
С 14,055 по 14,107 год **27** лет в цикле **6**: Для обязательств, сообществ, объединения, знаний и открытий. **25** лет в цикле **4**: Для порядка, роста, развития и укрепления.	27 лет	14,055 **6**	14,082 **6**
	25 лет	14,082 **6**	14,107 **4**

С 14,108 по 14,160 год _27 лет в цикле 5_: Для единства, порядка, демонтажа старого и восстановления справедливости. _25 лет в цикле 3_: Для возможностей, сообщества, общения и изобилия.	27 лет	14,108 **5**	14,135 **5**
	25 лет	14,135 **5**	14,160 **3**
С 14,161 по 14,213 год _27 лет в цикле 4_: Для порядка, роста, развития и укрепления. _25 лет в цикле 2_: Для хаоса, знаний, общения и медленного роста.	27 лет	14,161 **4**	14,188 **4**
	25 лет	14,188 **4**	14,213 **2**
С 14,214 по 14,266 год _27 лет в цикле 3_: Для возможностей, сообщества, общения и изобилия. _25 лет в цикле 1_: Для начинаний, идей, инициативы и объединения.	27 лет	14,214 **3**	14,241 **3**
	25 лет	14,241 **3**	14,266 **1**
С 14,267 по 14,319 год **14,274 год** **Начало Лучей Эпохи Льва** _27 лет в цикле 2_: Для хаоса, знаний, общения и медленного роста. _25 лет в цикле 9_: Для замыкания круга перед новым стартом.	27 лет	14,267 **2**	14,294 **2**
	25 лет	14,294 **2**	14,319 **9**

С 14,320 по 14,372 год	27 лет	14,320 **1**	14,347 **1**
27 лет в цикле **1**: Для начинаний, идей, инициативы и объединения. **25** лет в цикле **8**: Для обратной связи, порядка, ответственности, роста и укрепления.	25 лет	14,347 **1**	14,372 **8**
С 14,373 по 14,425 год	27 лет	14,373 **9**	14,400 **9**
27 лет в цикле **9**: Для замыкания круга перед новым стартом. **25** лет в цикле **7**: Для исправления, духовности, Творец вмешивается во благо.	25 лет	14,400 **9**	14,425 **7**
С 14,426 по 14,478 год	27 лет	14,426 **8**	14,453 **8**
27 лет в цикле **8**: Для обратной связи, порядка, ответственности, роста и укрепления. **25** лет в цикле **6**: Для обязательств, сообществ, объединения, знаний и открытий.	25 лет	14,453 **8**	14,478 **6**
С 14,479 по 14,531 год	27 лет	14,479 **7**	14,506 **7**
27 лет в цикле **7**: Для исправления, духовности, Творец вмешивается во благо. **25** лет в цикле **5**: Для единства, порядка, демонтажа старого и восстановления справедливости.	25 лет	14,506 **7**	14,531 **5**

С 14,532 по 14,584 год 27 лет в цикле **6**: Для обязательств, сообществ, объединения, знаний и открытий.	27 лет	14,532 **6**	14,559 **6**
25 лет в цикле **4**: Для порядка, роста, развития и укрепления.	25 лет	14,559 **6**	14,584 **4**
С 14,585 по 14,637 год 27 лет в цикле **5**: Для единства, порядка, демонтажа старого и восстановления справедливости.	27 лет	14,585 **5**	14,612 **5**
25 лет в цикле **3**: Для возможностей, сообщества, общения и изобилия.	25 лет	14,612 **5**	14,637 **3**
С 14,638 по 14,690 год 27 лет в цикле **4**: Для порядка, роста, развития и укрепления.	27 лет	14,638 **4**	14,665 **4**
25 лет в цикле **2**: Для хаоса, знаний, общения и медленного роста.	25 лет	14,665 **4**	14,690 **2**
С 14,691 по 14,743 год **14,742 год** **Начало Эпохи Льва** 27 лет в цикле **3**: Для возможностей, сообщества, общения и изобилия.	27 лет	14,691 **3**	14,718 **3**
25 лет в цикле **1**: Для начинаний, идей, инициативы и объединения.	25 лет	14,718 **3**	14,743 **1**

С 14,744 по 14,796 год **27** лет в цикле **2**: Для хаоса, знаний, общения и медленного роста. **25** лет в цикле **9**: Для замыкания круга перед новым стартом.	27 лет	14,744 **2**	14,771 **2**
	25 лет	14,771 **2**	14,796 **9**
С 14,797 по 14,849 год **27** лет в цикле **1**: Для начинаний, идей, инициативы и объединения. **25** лет в цикле **8**: Для обратной связи, порядка, ответственности, роста и укрепления.	27 лет	14,797 **1**	14,824 **1**
	25 лет	14,824 **1**	14,849 **8**
С 14,850 по 14,902 год **27** лет в цикле **9**: Для замыкания круга перед новым стартом. **25** лет в цикле **7**: Для исправления, духовности, Творец вмешивается во благо.	27 лет	14,850 **9**	14,877 **9**
	25 лет	14,877 **9**	14,902 **7**
С 14,903 по 14,955 год **27** лет в цикле **8**: Для обратной связи, порядка, ответственности, роста и укрепления. **25** лет в цикле **6**: Для обязательств, сообществ, объединения, знаний и открытий.	27 лет	14,903 **8**	14,930 **8**
	25 лет	14,930 **8**	14,955 **6**

С 14,956 по 15,008 год **27 лет в цикле 7:** Для исправления, духовности, Творец вмешивается во благо. **25 лет в цикле 5:** Для единства, порядка, демонтажа старого и восстановления справедливости.	27 лет	14,956 **7**	14,983 **7**
	25 лет	14,983 **7**	15,008 **5**
С 15,009 по 15,061 год **27 лет в цикле 6:** Для обязательств, сообществ, объединения, знаний и открытий. **25 лет в цикле 4:** Для порядка, роста, развития и укрепления.	27 лет	15,009 **6**	15,036 **6**
	25 лет	15,036 **6**	15,061 **4**
С 15,062 по 15,114 год **27 лет в цикле 5:** Для единства, порядка, демонтажа старого и восстановления справедливости. **25 лет в цикле 3:** Для возможностей, сообщества, общения и изобилия.	27 лет	15,062 **5**	15,089 **5**
	25 лет	15,089 **5**	15,114 **3**
С 15,115 по 15,167 год **27 лет в цикле 4:** Для порядка, роста, развития и укрепления. **25 лет в цикле 2:** Для хаоса, знаний, общения и медленного роста.	27 лет	15,115 **4**	15,142 **4**
	25 лет	15,142 **4**	15,167 **2**

С 15,168 по 15,220 год **27 лет в цикле 3**: Для возможностей, сообщества, общения и изобилия. **25 лет в цикле 1**: Для начинаний, идей, инициативы и объединения.	27 лет	15,168 **3**	15,195 **3**
	25 лет	15,195 **3**	15,220 **1**
С 15,221 по 15,273 год **27 лет в цикле 2**: Для хаоса, знаний, общения и медленного роста. **25 лет в цикле 9**: Для замыкания круга перед новым стартом.	27 лет	15,221 **2**	15,248 **2**
	25 лет	15,248 **2**	15,273 **9**
С 15,274 по 15,326 год **27 лет в цикле 1**: Для начинаний, идей, инициативы и объединения. **25 лет в цикле 8**: Для обратной связи, порядка, ответственности, роста и укрепления.	27 лет	15,274 **1**	15,301 **1**
	25 лет	15,301 **1**	15,326 **8**
С 15,327 по 15,379 год **27 лет в цикле 9**: Для замыкания круга перед новым стартом. **25 лет в цикле 7**: Для исправления, духовности, Творец вмешивается во благо.	27 лет	15,327 **9**	15,354 **9**
	25 лет	15,354 **9**	15,379 **7**

C 15,380 по 15,432 год **27** лет в цикле **8**: Для обратной связи, порядка, ответственности, роста и укрепления. **25** лет в цикле **6**: Для обязательств, сообществ, объединения, знаний и открытий.	27 лет	15,380 **8**	15,407 **8**
	25 лет	15,407 **8**	15,432 **6**
C 15,433 по 15,485 год **27** лет в цикле **7**: Для исправления, духовности, Творец вмешивается во благо. **25** лет в цикле **5**: Для единства, порядка, демонтажа старого и восстановления справедливости.	27 лет	15,433 **7**	15,460 **7**
	25 лет	15,460 **7**	15,485 **5**
C 15,486 по 15,538 год **27** лет в цикле **6**: Для обязательств, сообществ, объединения, знаний и открытий. **25** лет в цикле **4**: Для порядка, роста, развития и укрепления.	27 лет	15,486 **6**	15,513 **6**
	25 лет	15,513 **6**	15,538 **4**
C 15,539 по 15,591 год **27** лет в цикле **5**: Для единства, порядка, демонтажа старого и восстановления справедливости. **25** лет в цикле **3**: Для возможностей, сообщества, общения и изобилия.	27 лет	15,539 **5**	15,566 **5**
	25 лет	15,566 **5**	15,591 **3**

С 15,592 по 15,644 год **27 лет в цикле 4**: Для порядка, роста, развития и укрепления. **25 лет в цикле 2**: Для хаоса, знаний, общения и медленного роста.	27 лет	15,592 **4**	15,619 **4**
	25 лет	15,619 **4**	15,644 **2**
С 15,645 по 15,697 год **27 лет в цикле 3**: Для возможностей, сообщества, общения и изобилия. **25 лет в цикле 1**: Для начинаний, идей, инициативы и объединения.	27 лет	15,645 **3**	15,672 **3**
	25 лет	15,672 **3**	15,697 **1**
С 15,698 по 15,750 год **27 лет в цикле 2**: Для хаоса, знаний, общения и медленного роста. **25 лет в цикле 9**: Для замыкания круга перед новым стартом.	27 лет	15,698 **2**	15,725 **2**
	25 лет	15,725 **2**	15,750 **9**
С 15,751 по 15,803 год **27 лет в цикле 1**: Для начинаний, идей, инициативы и объединения. **25 лет в цикле 8**: Для обратной связи, порядка, ответственности, роста и укрепления.	27 лет	15,751 **1**	15,778 **1**
	25 лет	15,778 **1**	15,803 **8**

С 15,804 по 15,856 год 27 лет в цикле **9**: Для замыкания круга перед новым стартом. 25 лет в цикле **7**: Для исправления, духовности, Творец вмешивается во благо.	27 лет	15,804 **9**	15,831 **9**
	25 лет	15,831 **9**	15,856 **7**
С 15,857 по 15,909 год 27 лет в цикле **8**: Для обратной связи, порядка, ответственности, роста и укрепления. 25 лет в цикле **6**: Для обязательств, сообществ, объединения, знаний и открытий.	27 лет	15,857 **8**	15,884 **8**
	25 лет	15,884 **8**	15,909 **6**
С 15,910 по 15,962 год 27 лет в цикле **7**: Для исправления, духовности, Творец вмешивается во благо. 25 лет в цикле **5**: Для единства, порядка, демонтажа старого и восстановления справедливости.	27 лет	15,910 **7**	15,937 **7**
	25 лет	15,937 **7**	15,962 **5**
С 15,963 по 16,015 год 27 лет в цикле **6**: Для обязательств, сообществ, объединения, знаний и открытий. 25 лет в цикле **4**: Для порядка, роста, развития и укрепления.	27 лет	15,963 **6**	15,990 **6**
	25 лет	15,990 **6**	16,015 **4**

С 16,016 по 16,068 год **27 лет в цикле 5**: Для единства, порядка, демонтажа старого и восстановления справедливости. **25 лет в цикле 3**: Для возможностей, сообщества, общения и изобилия.	27 лет	16,016 **5**	16,043 **5**
	25 лет	16,043 **5**	16,068 **3**
С 16,069 по 16,121 год **27 лет в цикле 4**: Для порядка, роста, развития и укрепления. **25 лет в цикле 2**: Для хаоса, знаний, общения и медленного роста.	27 лет	16,069 **4**	16,096 **4**
	25 лет	16,096 **4**	16,121 **2**
С 16,122 по 16,174 год **27 лет в цикле 3**: Для возможностей, сообщества, общения и изобилия. **25 лет в цикле 1**: Для начинаний, идей, инициативы и объединения.	27 лет	16,122 **3**	16,149 **3**
	25 лет	16,149 **3**	16,174 **1**
С 16,175 по 16,227 год **27 лет в цикле 2**: Для хаоса, знаний, общения и медленного роста. **25 лет в цикле 9**: Для замыкания круга перед новым стартом.	27 лет	16,175 **2**	16,202 **2**
	25 лет	16,202 **2**	16,227 **9**

С 16,228 по 16,280 год 27 лет в цикле **1**: Для начинаний, идей, инициативы и объединения. 25 лет в цикле **8**: Для обратной связи, порядка, ответственности, роста и укрепления.	27 лет	16,228 **1**	16,255 **1**
	25 лет	16,255 **1**	16,280 **8**
С 16,281 по 16,333 год 27 лет в цикле **9**: Для замыкания круга перед новым стартом. 25 лет в цикле **7**: Для исправления, духовности, Творец вмешивается во благо.	27 лет	16,281 **9**	16,308 **9**
	25 лет	16,308 **9**	16,333 **7**
С 16,334 по 16,386 год **16,380 год** **Начало Лучей Эпохи Рака** 27 лет в цикле **8**: Для обратной связи, порядка, ответственности, роста и укрепления. 25 лет в цикле **6**: Для обязательств, сообществ, объединения, знаний и открытий.	27 лет	16,334 **8**	16,361 **8**
	25 лет	16,361 **8**	16,386 **6**
С 16,387 по 16,439 год 27 лет в цикле **7**: Для исправления, духовности, Творец вмешивается во благо. 25 лет в цикле **5**: Для единства, порядка, демонтажа старого и восстановления справедливости.	27 лет	16,387 **7**	16,414 **7**
	25 лет	16,414 **7**	16,439 **5**

С 16,440 по 16,492 год **27** лет в цикле **6**: Для обязательств, сообществ, объединения, знаний и открытий. **25** лет в цикле **4**: Для порядка, роста, развития и укрепления.	27 лет	16,440 **6**	16,467 **6**
	25 лет	16,467 **6**	16,492 **4**
С 16,493 по 16,545 год **27** лет в цикле **5**: Для единства, порядка, демонтажа старого и восстановления справедливости. **25** лет в цикле **3**: Для возможностей, сообщества, общения и изобилия.	27 лет	16,493 **5**	16,520 **5**
	25 лет	16,520 **5**	16,545 **3**
С 16,546 по 16,598 год **27** лет в цикле **4**: Для порядка, роста, развития и укрепления. **25** лет в цикле **2**: Для хаоса, знаний, общения и медленного роста.	27 лет	16,546 **4**	16,573 **4**
	25 лет	16,573 **4**	16,598 **2**
С 16,599 по 16,651 год **27** лет в цикле **3**: Для возможностей, сообщества, общения и изобилия. **25** лет в цикле **1**: Для начинаний, идей, инициативы и объединения.	27 лет	16,599 **3**	16,626 **3**
	25 лет	16,626 **3**	16,651 **1**

С 16,652 по 16,704 год 27 лет в цикле **2**: Для хаоса, знаний, общения и медленного роста. 25 лет в цикле **9**: Для замыкания круга перед новым стартом.	27 лет	16,652 **2**	16,679 **2**
	25 лет	16,679 **2**	16,704 **9**
С 16,705 по 16,757 год 27 лет в цикле **1**: Для начинаний, идей, инициативы и объединения. 25 лет в цикле **8**: Для обратной связи, порядка, ответственности, роста и укрепления.	27 лет	16,705 **1**	16,732 **1**
	25 лет	16,732 **1**	16,757 **8**
С 16,758 по 16,810 год 27 лет в цикле **9**: Для замыкания круга перед новым стартом. 25 лет в цикле **7**: Для исправления, духовности, Творец вмешивается во благо.	27 лет	16,758 **9**	16,785 **9**
	25 лет	16,785 **9**	16,810 **7**
С 16,811 по 16,863 год **16,848 год** **Начало Эпохи Рака** 27 лет в цикле **8**: Для обратной связи, порядка, ответственности, роста и укрепления. 25 лет в цикле **6**: Для обязательств, сообществ, объединения, знаний и открытий.	27 лет	16,811 **8**	16,838 **8**
	25 лет	16,838 **8**	16,863 **6**

С 16,864 по 16,916 год _27 лет в цикле **7**_: Для исправления, духовности, Творец вмешивается во благо. _25 лет в цикле **5**_: Для единства, порядка, демонтажа старого и восстановления справедливости.	27 лет	16,864 **7**	16,891 **7**
	25 лет	16,891 **7**	16,916 **5**
С 16,917 по 16,969 год _27 лет в цикле **6**_: Для обязательств, сообществ, объединения, знаний и открытий. _25 лет в цикле **4**_: Для порядка, роста, развития и укрепления.	27 лет	16,917 **6**	16,944 **6**
	25 лет	16,944 **6**	16,969 **4**
С 16,970 по 17,022 год _27 лет в цикле **5**_: Для единства, порядка, демонтажа старого и восстановления справедливости. _25 лет в цикле **3**_: Для возможностей, сообщества, общения и изобилия.	27 лет	16,970 **5**	16,997 **5**
	25 лет	16,997 **5**	17,022 **3**
С 17,023 по 17,075 год _27 лет в цикле **4**_: Для порядка, роста, развития и укрепления. _25 лет в цикле **2**_: Для хаоса, знаний, общения и медленного роста.	27 лет	17,023 **4**	17,050 **4**
	25 лет	17,050 **4**	17,075 **2**

С 17,076 по 17,128 год **27 лет в цикле 3:** Для возможностей, сообщества, общения и изобилия. **25 лет в цикле 1:** Для начинаний, идей, инициативы и объединения.	27 лет	17,076 **3**	17,103 **3**
	25 лет	17,103 **3**	17,128 **1**
С 17,129 по 17,181 год **27 лет в цикле 2:** Для хаоса, знаний, общения и медленного роста. **25 лет в цикле 9:** Для замыкания круга перед новым стартом.	27 лет	17,129 **2**	17,156 **2**
	25 лет	17,156 **2**	17,181 **9**
С 17,182 по 17,234 год **27 лет в цикле 1:** Для начинаний, идей, инициативы и объединения. **25 лет в цикле 8:** Для обратной связи, порядка, ответственности, роста и укрепления.	27 лет	17,182 **1**	17,209 **1**
	25 лет	17,209 **1**	17,234 **8**
С 17,235 по 17,287 год **27 лет в цикле 9:** Для замыкания круга перед новым стартом. **25 лет в цикле 7:** Для исправления, духовности, Творец вмешивается во благо.	27 лет	17,235 **9**	17,262 **9**
	25 лет	17,262 **9**	17,287 **7**

С 17,288 по 17,340 год **27 лет в цикле 8**: Для обратной связи, порядка, ответственности, роста и укрепления. **25 лет в цикле 6**: Для обязательств, сообществ, объединения, знаний и открытий.	27 лет	17,288 **8**	17,315 **8**
	25 лет	17,315 **8**	17,340 **6**
С 17,341 по 17,393 год **27 лет в цикле 7**: Для исправления, духовности, Творец вмешивается во благо. **25 лет в цикле 5**: Для единства, порядка, демонтажа старого и восстановления справедливости.	27 лет	17,341 **7**	17,368 **7**
	25 лет	17,368 **7**	17,393 **5**
С 17,394 по 17,446 год **27 лет в цикле 6**: Для обязательств, сообществ, объединения, знаний и открытий. **25 лет в цикле 4**: Для порядка, роста, развития и укрепления.	27 лет	17,394 **6**	17,421 **6**
	25 лет	17,421 **6**	17,446 **4**
С 17,447 по 17,499 год **27 лет в цикле 5**: Для единства, порядка, демонтажа старого и восстановления справедливости. **25 лет в цикле 3**: Для возможностей, сообщества, общения и изобилия.	27 лет	17,447 **5**	17,474 **5**
	25 лет	17,474 **5**	17,499 **3**

С 17,500 по 17,552 год **27** лет в цикле **4**: Для порядка, роста, развития и укрепления. **25** лет в цикле **2**: Для хаоса, знаний, общения и медленного роста.	27 лет	17,500 **4**	17,527 **4**
	25 лет	17,527 **4**	17,552 **2**
С 17,553 по 17,605 год **27** лет в цикле **3**: Для возможностей, сообщества, общения и изобилия. **25** лет в цикле **1**: Для начинаний, идей, инициативы и объединения.	27 лет	17,553 **3**	17,580 **3**
	25 лет	17,580 **3**	17,605 **1**
С 17,606 по 17,658 год **27** лет в цикле **2**: Для хаоса, знаний, общения и медленного роста. **25** лет в цикле **9**: Для замыкания круга перед новым стартом.	27 лет	17,606 **2**	17,633 **2**
	25 лет	17,633 **2**	17,658 **9**
С 17,659 по 17,711 год **27** лет в цикле **1**: Для начинаний, идей, инициативы и объединения. **25** лет в цикле **8**: Для обратной связи, порядка, ответственности, роста и укрепления.	27 лет	17,659 **1**	17,686 **1**
	25 лет	17,686 **1**	17,711 **8**

С 17,712 по 17,764 год **27** лет в цикле **9**: Для замыкания круга перед новым стартом. **25** лет в цикле **7**: Для исправления, духовности, Творец вмешивается во благо.	27 лет	17,712 **9**	17,739 **9**
	25 лет	17,739 **9**	17,764 **7**
С 17,765 по 17,817 год **27** лет в цикле **8**: Для обратной связи, порядка, ответственности, роста и укрепления. **25** лет в цикле **6**: Для обязательств, сообществ, объединения, знаний и открытий.	27 лет	17,765 **8**	17,792 **8**
	25 лет	17,792 **8**	17,817 **6**
С 17,818 по 17,870 год **27** лет в цикле **7**: Для исправления, духовности, Творец вмешивается во благо. **25** лет в цикле **5**: Для единства, порядка, демонтажа старого и восстановления справедливости.	27 лет	17,818 **7**	17,845 **7**
	25 лет	17,845 **7**	17,870 **5**
С 17,871 по 17,923 год **27** лет в цикле **6**: Для обязательств, сообществ, объединения, знаний и открытий. **25** лет в цикле **4**: Для порядка, роста, развития и укрепления.	27 лет	17,871 **6**	17,898 **6**
	25 лет	17,898 **6**	17,923 **4**

С 17,924 по 17,976 год _27 лет в цикле **5**_: Для единства, порядка, демонтажа старого и восстановления справедливости.	27 лет	17,924 **5**	17,951 **5**
25 лет в цикле **3**: Для возможностей, сообщества, общения и изобилия.	25 лет	17,951 **5**	17,976 **3**
С 17,977 по 18,029 год _27 лет в цикле **4**_: Для порядка, роста, развития и укрепления.	27 лет	17,977 **4**	18,004 **4**
25 лет в цикле **2**: Для хаоса, знаний, общения и медленного роста.	25 лет	18,004 **4**	18,029 **2**
С 18,030 по 18,082 год _27 лет в цикле **3**_: Для возможностей, сообщества, общения и изобилия.	27 лет	18,030 **3**	18,057 **3**
25 лет в цикле **1**: Для начинаний, идей, инициативы и объединения.	25 лет	18,057 **3**	18,082 **1**
С 18,083 по 18,135 год _27 лет в цикле **2**_: Для хаоса, знаний, общения и медленного роста.	27 лет	18,083 **2**	18,110 **2**
25 лет в цикле **9**: Для замыкания круга перед новым стартом.	25 лет	18,110 **2**	18,135 **9**

С 18,136 по 18,188 год 27 лет в цикле **1**: Для начинаний, идей, инициативы и объединения. **25** лет в цикле **8**: Для обратной связи, порядка, ответственности, роста и укрепления.	27 лет	18,136 **1**	18,163 **1**
	25 лет	18,163 **1**	18,188 **8**
С 18,189 по 18,241 год 27 лет в цикле **9**: Для замыкания круга перед новым стартом. **25** лет в цикле **7**: Для исправления, духовности, Творец вмешивается во благо.	27 лет	18,189 **9**	18,216 **9**
	25 лет	18,216 **9**	18,241 **7**
С 18,242 по 18,294 год 27 лет в цикле **8**: Для обратной связи, порядка, ответственности, роста и укрепления. **25** лет в цикле **6**: Для обязательств, сообществ, объединения, знаний и открытий.	27 лет	18,242 **8**	18,269 **8**
	25 лет	18,269 **8**	18,294 **6**
С 18,295 по 18,347 год 27 лет в цикле **7**: Для исправления, духовности, Творец вмешивается во благо. **25** лет в цикле **5**: Для единства, порядка, демонтажа старого и восстановления справедливости.	27 лет	18,295 **7**	18,322 **7**
	25 лет	18,322 **7**	18,347 **5**

С 18,348 по 18,400 год 27 лет в цикле **6**: Для обязательств, сообществ, объединения, знаний и открытий. 25 лет в цикле **4**: Для порядка, роста, развития и укрепления.	27 лет	18,348 **6**	18,375 **6**
	25 лет	18,375 **6**	18,400 **4**
С 18,401 по 18,453 год 27 лет в цикле **5**: Для единства, порядка, демонтажа старого и восстановления справедливости. 25 лет в цикле **3**: Для возможностей, сообщества, общения и изобилия.	27 лет	18,401 **5**	18,428 **5**
	25 лет	18,428 **5**	18,453 **3**
С 18,454 по 18,506 год **18,486 год** **Начало Лучей Эпохи Близнецов** 27 лет в цикле **4**: Для порядка, роста, развития и укрепления. 25 лет в цикле **2**: Для хаоса, знаний, общения и медленного роста.	27 лет	18,454 **4**	18,481 **4**
	25 лет	18,481 **4**	18,506 **2**
С 18,507 по 18,559 год 27 лет в цикле **3**: Для возможностей, сообщества, общения и изобилия. 25 лет в цикле **1**: Для начинаний, идей, инициативы и объединения.	27 лет	18,507 **3**	18,534 **3**
	25 лет	18,534 **3**	18,559 **1**

С 18,560 по 18,612 год **27** лет в цикле **2**: Для хаоса, знаний, общения и медленного роста.	27 лет	18,560 **2**	18,587 **2**
	25 лет	18,587 **2**	18,612 **9**
С 18,613 по 18,665 год **27** лет в цикле **1**: Для начинаний, идей, инициативы и объединения.	27 лет	18,613 **1**	18,640 **1**
25 лет в цикле **8**: Для обратной связи, порядка, ответственности, роста и укрепления.	25 лет	18,640 **1**	18,665 **8**
С 18,666 по 18,718 год **27** лет в цикле **9**: Для замыкания круга перед новым стартом.	27 лет	18,666 **9**	18,693 **9**
25 лет в цикле **7**: Для исправления, духовности, Творец вмешивается во благо.	25 лет	18,693 **9**	18,718 **7**
С 18,719 по 18,771 год **27** лет в цикле **8**: Для обратной связи, порядка, ответственности, роста и укрепления.	27 лет	18,719 **8**	18,746 **8**
25 лет в цикле **6**: Для обязательств, сообществ, объединения, знаний и открытий.	25 лет	18,746 **8**	18,771 **6**

Для замыкания круга перед новым стартом.

С 18,772 по 18,824 год **27 лет в цикле 7**: Для исправления, духовности, Творец вмешивается во благо. **25 лет в цикле 5**: Для единства, порядка, демонтажа старого и восстановления справедливости.	27 лет	18,772 **7**	18,799 **7**
	25 лет	18,799 **7**	18,824 **5**
С 18,825 по 18,877 год **27 лет в цикле 6**: Для обязательств, сообществ, объединения, знаний и открытий. **25 лет в цикле 4**: Для порядка, роста, развития и укрепления.	27 лет	18,825 **6**	18,852 **6**
	25 лет	18,852 **6**	18,877 **4**
С 18,878 по 18,930 год **27 лет в цикле 5**: Для единства, порядка, демонтажа старого и восстановления справедливости. **25 лет в цикле 3**: Для возможностей, сообщества, общения и изобилия.	27 лет	18,878 **5**	18,905 **5**
	25 лет	18,905 **5**	18,930 **3**
С 18,931 по 18,983 год **18,954 год** **Начало Эпохи Близнецов** Завершает 12 кругов знаков зодиака **27 лет в цикле 4**: Для порядка, роста, развития и укрепления. **25 лет в цикле 2**: Для хаоса, знаний, общения и медленного роста.	27 лет	18,931 **4**	18,958 **4**
	25 лет	18,958 **4**	18,983 **2**

С 18,984 по 19,036 год **27** лет в цикле **3**: Для возможностей, сообщества, общения и изобилия. **25** лет в цикле **1**: Для начинаний, идей, инициативы и объединения.	27 лет	18,984 **3**	19,011 **3**
	25 лет	19,011 **3**	19,036 **1**
С 19,037 по 19,089 год **27** лет в цикле **2**: Для хаоса, знаний, общения и медленного роста. **25** лет в цикле **9**: Для замыкания круга перед новым стартом.	27 лет	19,037 **2**	19,064 **2**
	25 лет	19,064 **2**	19,089 **9**
С 19,090 по 19,142 год **27** лет в цикле **1**: Для начинаний, идей, инициативы и объединения. **25** лет в цикле **8**: Для обратной связи, порядка, ответственности, роста и укрепления.	27 лет	19,090 **1**	19,117 **1**
	25 лет	19,117 **1**	19,142 **8**
С 19,143 по 19,195 год **27** лет в цикле **9**: Для замыкания круга перед новым стартом. **25** лет в цикле **7**: Для исправления, духовности, Творец вмешивается во благо.	27 лет	19,143 **9**	19,170 **9**
	25 лет	19,170 **9**	19,195 **7**

С 19,196 по 19,248 год _27 лет в цикле **8**:_ Для обратной связи, порядка, ответственности, роста и укрепления. _25 лет в цикле **6**:_ Для обязательств, сообществ, объединения, знаний и открытий.	27 лет	19,196 **8**	19,223 **8**
	25 лет	19,223 **8**	19,248 **6**
С 19,249 по 19,301 год _27 лет в цикле **7**:_ Для исправления, духовности, Творец вмешивается во благо. _25 лет в цикле **5**:_ Для единства, порядка, демонтажа старого и восстановления справедливости.	27 лет	19,249 **7**	19,276 **7**
	25 лет	19,276 **7**	19,301 **5**
С 19,302 по 19,354 год _27 лет в цикле **6**:_ Для обязательств, сообществ, объединения, знаний и открытий. _25 лет в цикле **4**:_ Для порядка, роста, развития и укрепления.	27 лет	19,302 **6**	19,329 **6**
	25 лет	19,329 **6**	19,354 **4**
С 19,355 по 19,407 год _27 лет в цикле **5**:_ Для единства, порядка, демонтажа старого и восстановления справедливости. _25 лет в цикле **3**:_ Для возможностей, сообщества, общения и изобилия.	27 лет	19,355 **5**	19,382 **5**
	25 лет	19,382 **5**	19,407 **3**

С 19,408 по 19,460 год 27 лет в цикле 4: Для порядка, роста, развития и укрепления. 25 лет в цикле 2: Для хаоса, знаний, общения и медленного роста.	27 лет	19,408 **4**	19,435 **4**
	25 лет	19,435 **4**	19,460 **2**
С 19,461 по 19,513 год 27 лет в цикле 3: Для возможностей, сообщества, общения и изобилия. 25 лет в цикле 1: Для начинаний, идей, инициативы и объединения.	27 лет	19,461 **3**	19,488 **3**
	25 лет	19,488 **3**	19,513 **1**
С 19,514 по 19,566 год 27 лет в цикле 2: Для хаоса, знаний, общения и медленного роста. 25 лет в цикле 9: Для замыкания круга перед новым стартом.	27 лет	19,514 **2**	19,541 **2**
	25 лет	19,541 **2**	19,566 **9**
С 19,567 по 19,619 год 27 лет в цикле 1: Для начинаний, идей, инициативы и объединения. 25 лет в цикле 8: Для обратной связи, порядка, ответственности, роста и укрепления.	27 лет	19,567 **1**	19,594 **1**
	25 лет	19,594 **1**	19,619 **8**

С 19,620 по 19,672 год 27 лет в цикле **9**: Для замыкания круга перед новым стартом. 25 лет в цикле **7**: Для исправления, духовности, Творец вмешивается во благо.	27 лет	19,620 **9**	19,647 **9**
	25 лет	19,647 **9**	19,672 **7**
С 19,673 по 19,725 год 27 лет в цикле **8**: Для обратной связи, порядка, ответственности, роста и укрепления. 25 лет в цикле **6**: Для обязательств, сообществ, объединения, знаний и открытий.	27 лет	19,673 **8**	19,700 **8**
	25 лет	19,700 **8**	19,725 **6**
С 19,726 по 19,778 год 27 лет в цикле **7**: Для исправления, духовности, Творец вмешивается во благо. 25 лет в цикле **5**: Для единства, порядка, демонтажа старого и восстановления справедливости.	27 лет	19,726 **7**	19,753 **7**
	25 лет	19,753 **7**	19,778 **5**
С 19,779 по 19,831 год 27 лет в цикле **6**: Для обязательств, сообществ, объединения, знаний и открытий. 25 лет в цикле **4**: Для порядка, роста, развития и укрепления.	27 лет	19,779 **6**	19,806 **6**
	25 лет	19,806 **6**	19,831 **4**

С 19,832 по 19,884 год **27 лет в цикле 5**: Для единства, порядка, демонтажа старого и восстановления справедливости. **25 лет в цикле 3**: Для возможностей, сообщества, общения и изобилия.	27 лет	19,832 **5**	19,859 **5**
	25 лет	19,859 **5**	19,884 **3**
С 19,885 по 19,937 год **27 лет в цикле 4**: Для порядка, роста, развития и укрепления. **25 лет в цикле 2**: Для хаоса, знаний, общения и медленного роста.	27 лет	19,885 **4**	19,912 **4**
	25 лет	19,912 **4**	19,937 **2**
С 19,938 по 19,990 год **27 лет в цикле 3**: Для возможностей, сообщества, общения и изобилия. **25 лет в цикле 1**: Для начинаний, идей, инициативы и объединения.	27 лет	19,938 **3**	19,965 **3**
	25 лет	19,965 **3**	19,990 **1**
С 19,991 по 20,043 год **27 лет в цикле 2**: Для хаоса, знаний, общения и медленного роста. **25 лет в цикле 9**: Для замыкания круга перед новым стартом.	27 лет	19,991 **2**	20,018 **2**
	25 лет	20,018 **2**	20,043 **9**

С 20,044 по 20,096 год 27 лет в цикле 1: Для начинаний, идей, инициативы и объединения. 25 лет в цикле 8: Для обратной связи, порядка, ответственности, роста и укрепления.	27 лет	20,044 **1**	20,071 **1**
	25 лет	20,071 **1**	20,096 **8**
С 20,097 по 20,149 год 27 лет в цикле 9: Для замыкания круга перед новым стартом. 25 лет в цикле 7: Для исправления, духовности, Творец вмешивается во благо.	27 лет	20,097 **9**	20,124 **9**
	25 лет	20,124 **9**	20,149 **7**
С 20,150 по 20,202 год 27 лет в цикле 8: Для обратной связи, порядка, ответственности, роста и укрепления. 25 лет в цикле 6: Для обязательств, сообществ, объединения, знаний и открытий.	27 лет	20,150 **8**	20,177 **8**
	25 лет	20,177 **8**	20,202 **6**
С 20,203 по 20,255 год 27 лет в цикле 7: Для исправления, духовности, Творец вмешивается во благо. 25 лет в цикле 5: Для единства, порядка, демонтажа старого и восстановления справедливости.	27 лет	20,203 **7**	20,230 **7**
	25 лет	20,230 **7**	20,255 **5**

С 20,256 по 20,308 год 27 лет в цикле **6**: Для обязательств, сообществ, объединения, знаний и открытий. 25 лет в цикле **4**: Для порядка, роста, развития и укрепления.	27 лет	20,256 **6**	20,283 **6**
	25 лет	20,283 **6**	20,308 **4**
С 20,309 по 20,361 год 27 лет в цикле **5**: Для единства, порядка, демонтажа старого и восстановления справедливости. 25 лет в цикле **3**: Для возможностей, сообщества, общения и изобилия.	27 лет	20,309 **5**	20,336 **5**
	25 лет	20,336 **5**	20,361 **3**
С 20,362 по 20,414 год 27 лет в цикле **4**: Для порядка, роста, развития и укрепления. 25 лет в цикле **2**: Для хаоса, знаний, общения и медленного роста.	27 лет	20,362 **4**	20,389 **4**
	25 лет	20,389 **4**	20,414 **2**
С 20,415 по 20,467 год 27 лет в цикле **3**: Для возможностей, сообщества, общения и изобилия. 25 лет в цикле **1**: Для начинаний, идей, инициативы и объединения.	27 лет	20,415 **3**	20,442 **3**
	25 лет	20,442 **3**	20,467 **1**

С 20,468 по 20,520 год **27** лет в цикле **2**: Для хаоса, знаний, общения и медленного роста. **25** лет в цикле **9**: Для замыкания круга перед новым стартом.	27 лет	20,468 **2**	20,495 **2**
	25 лет	20,495 **2**	20,520 **9**
С 20,521 по 20,573 год **27** лет в цикле **1**: Для начинаний, идей, инициативы и объединения. **25** лет в цикле **8**: Для обратной связи, порядка, ответственности, роста и укрепления.	27 лет	20,521 **1**	20,548 **1**
	25 лет	20,548 **1**	20,573 **8**
С 20,574 по 20,626 год **20,592 год** **Начало Лучей Эпохи Тельца** **Новый виток знаков Зодиака** **27** лет в цикле **9**: Для замыкания круга перед новым стартом. **25** лет в цикле **7**: Для исправления, духовности, Творец вмешивается во благо.	27 лет	20,574 **9**	20,601 **9**
	25 лет	20,601 **9**	20,626 **7**
С 20,627 по 20,679 год **27** лет в цикле **8**: Для обратной связи, порядка, ответственности, роста и укрепления. **25** лет в цикле **6**: Для обязательств, сообществ, объединения, знаний и открытий.	27 лет	20,627 **8**	20,654 **8**
	25 лет	20,654 **8**	20,679 **6**

С 20,680 по 20,732 год 27 лет в цикле **7**: Для исправления, духовности, Творец вмешивается во благо. 25 лет в цикле **5**: Для единства, порядка, демонтажа старого и восстановления справедливости.	27 лет	20,680 **7**	20,707 **7**
	25 лет	20,707 **7**	20,732 **5**
С 20,733 по 20,785 год 27 лет в цикле **6**: Для обязательств, сообществ, объединения, знаний и открытий. 25 лет в цикле **4**: Для порядка, роста, развития и укрепления.	27 лет	20,733 **6**	20,760 **6**
	25 лет	20,760 **6**	20,785 **4**
С 20,786 по 20,838 год 27 лет в цикле **5**: Для единства, порядка, демонтажа старого и восстановления справедливости. 25 лет в цикле **3**: Для возможностей, сообщества, общения и изобилия.	27 лет	20,786 **5**	20,813 **5**
	25 лет	20,813 **5**	20,838 **3**
С 20,839 по 20,891 год 27 лет в цикле **4**: Для порядка, роста, развития и укрепления. 25 лет в цикле **2**: Для хаоса, знаний, общения и медленного роста.	27 лет	20,839 **4**	20,866 **4**
	25 лет	20,866 **4**	20,891 **2**

С 20,892 по 20,944 год 27 лет в цикле **3**: Для возможностей, сообщества, общения и изобилия. 25 лет в цикле **1**: Для начинаний, идей, инициативы и объединения.	27 лет	20,892 **3**	20,919 **3**
	25 лет	20,919 **3**	20,944 **1**
С 20,945 по 20,997 год 27 лет в цикле **2**: Для хаоса, знаний, общения и медленного роста. 25 лет в цикле **9**: Для замыкания круга перед новым стартом.	27 лет	20,945 **2**	20,972 **2**
	25 лет	20,972 **2**	20,997 **9**
С 20,998 по 21,050 год 27 лет в цикле **1**: Для начинаний, идей, инициативы и объединения. 25 лет в цикле **8**: Для обратной связи, порядка, ответственности, роста и укрепления.	27 лет	20,998 **1**	21,025 **1**
	25 лет	21,025 **1**	21,050 **8**
С 21,051 по 21,103 год **21,060 год** **Начало Эпохи Тельца** **Новый виток знаков Зодиака** 27 лет в цикле **9**: Для замыкания круга перед новым стартом. 25 лет в цикле **7**: Для исправления, духовности, Творец вмешивается во благо.	27 лет	21,051 **9**	21,078 **9**
	25 лет	21,078 **9**	21,103 **7**

Расчетные таблицы книги заканчиваются в начале Эпохи Тельца. Отсюда Зодиакальное колесо продолжает движение в бесконечных циклах.

৪ঌ Таблица Лучей Эпохи (начала Эпохи) ৪ঌ

Эпоха Зодиака	Лучи Эпохи			Начало Эпохи			Значение в нумерологии
	С года	Периодичность	Цикл	С года	Периодичность	Цикл	
1. Телец	-4680	2	9	-4212	2	9	Цикл 9 - Эпоха замыкания круга перед новым стартом Периодичность 2 - С большим количеством эмоций, общением и партнерством
2. Овен	-2574	6	4	-2106	6	4	Цикл 4 - Эпоха активной обратной связи, роста, развития и созидания Периодичность 6 - С заботой, приверженностью, объединением, откровениями и знаниями
3. Рыбы	-468	9	7	0 Рождение Иисуса	9	7	Цикл 7 - Эпоха самоанализа и исправления, изобретений, знаний и духовности Периодичность 9 - С замыканием круга перед новым стартом
4. Водолей	1638	5	7	2106	5	7	Цикл 7 - Эпоха самоанализа и исправления, изобретений, знаний и духовности Периодичность 5 - С переменами, справедливостью и правосудием, любовью и объединением
5. Козерог	3744	1	3	4212	1	3	Цикл 3 - Эпоха возможностей, смелости, общения, творчества и удачи Периодичность 1 - С завершением и началом, идеями, инициативой и объединением

Эпоха Зодиака	Лучи Эпохи			Начало Эпохи			Значение в нумерологии
	С года	Периодичность	Цикл	С года	Периодичность	Цикл	
6. Стрелец	5850	6	8	6318	6	8	Цикл 8 - Эпоха ответственности, обратной связи, порядка, роста и укрепления Периодичность 6 - С обязательствами, заботой, объединением, знаниями и открытиями
7. Скорпион	7956	3	5	8424	3	5	Цикл 5 - Эпоха перемен, справедливости и правосудия, любви и объединения Периодичность 3 - С возможностями, смелостью, общением, творчеством и удачей
8. Весы	10,062	8	1	10,530	8	1	Цикл 1 - Эпоха завершения и начала, идей, инициативы и объединения Периодичность 8 - С ответственностью, обратной связью, порядком, ростом и укреплением
9. Дева	12,168	4	6	12,636	4	6	Цикл 6 - Эпоха заботы, приверженности, объединения, откровений и знаний Периодичность 4 - С активной обратной связью, ростом, развитием и созиданием
10. Лев	14,274	9 Исключение	2	14,742	1 Исключение	3	Эпоха - Исключение Лучи Эпохи ≠ Началу Эпохи Эпоха Льва расположена противоположно Эпохе Водолея в зодиакальном круге. Тогда когда Водолей исправляет и объединяет - Лев разрушает и создает хаос для нового начала.

Эпоха Зодиака	Лучи Эпохи			Начало Эпохи			Значение в нумерологии
	С года	Периодичность	Цикл	С года	Периодичность	Цикл	
11. Рак	16,380	6	8	16,848	6	8	Цикл 8 · Эпоха ответственности, обратной связи, порядка, роста и укрепления Периодичность 6 · С обязательствами, заботой, объединением, знаниями и открытиями
12. Близнецы	18,486	2	4	18,954	2	4	Цикл 4 · Эпоха активной обратной связи, роста, развития и созидания Периодичность 2 · С большим количеством эмоций, общением и партнерством
1. Телец ·новый цикл·	20,592	7	9	21,060	7	9	Цикл 9 · Эпоха замыкания круга перед новым стартом Периодичность 7 · С самоанализом и исправлением, изобретениями, знаниями и духовностью
Год во Вселенной	25,272	9	2	Каждые 25,272 года меняется год во Вселенной			Цикл 2 · Эпоха с большим количеством эмоций, общением и партнерством Периодичность 7 · С замыканием круга перед новым стартом

ဢ   Таблица Периодичности Эпох   ☙

Цикл и Периодичность Возрастающая и убывающая последовательность Сумма цифр циклов и периодов всегда равна 1 = Начало	С Рождения Иисуса (для точности - с 10 лет) Периодичность Эпох: в убывающей последовательности		До Рождения Иисуса Периодичность Эпох: в возрастающей последовательности	
	Убывающая ▽	Эпоха	△ Возрастающая	Эпоха
Сумма циклов: 9 + 1 = 1 Сумма периодов: 7 + 3 = 1	Цикл ▽ 9 Период 7	1A. Эпоха Тельца Новый виток Зодиакального круга	Цикл △ 1 Период 3	
Сумма циклов: 8 + 2 = 1 Сумма периодов: 6 + 4 = 1	Цикл ▽ 8 Период 6	6. Эпоха Стрельца 11. Эпоха Рака	Цикл △ 2 Период 4	
Сумма циклов: 7 + 3 = 1 Сумма периодов: 5 + 5 = 1	Цикл ▽ 7 Период 5	4. Эпоха Водолея	Цикл △ 3 Период 5	
Сумма циклов: 6 + 4 = 1 Сумма периодов: 4 + 6 = 1	Цикл ▽ 6 Период 4	9. Эпоха Девы	Цикл △ 4 Период 6	2. Эпоха Овна

Цикл и Периодичность — Возрастающая и убывающая последовательность. Сумма цифр циклов и периодов всегда равна 1 = Начало	С Рождения Иисуса (для точности - с 10 лет) — Периодичность Эпох: в убывающей последовательности		До Рождения Иисуса — Периодичность Эпох: в возрастающей последовательности	
	Убывающая ▽	Эпоха	△ Возрастающая	Эпоха
Сумма циклов: 5 + 5 = 1 — Сумма периодов: 3 + 7 = 1	Цикл 5 — Период 3	7. Эпоха Скорпиона	Цикл 5 — Период 7	
Сумма циклов: 4 + 6 = 1 — Сумма периодов: 2 + 8 = 1	Цикл 4 — Период 2	12. Эпоха Близнецов	Цикл 6 — Период 8	
Сумма циклов: 7 + 3 = 1 — Сумма периодов: 5 + 5 = 1	Цикл 3 — Период 1	5. Эпоха Козерога / 10. Эпоха Льва	Цикл 7 — Период 9	5. Эпоха Рыб
Сумма циклов: 8 + 2 = 1 — Сумма периодов: 1 + 9 = 1	Цикл 2 — Период 9	* год во Вселенной * Эпоха Льва - новый виток -	Цикл 8 — Период 1	
Сумма циклов: 1 + 9 = 1 — Сумма периодов: 2 + 8 = 1	Цикл 1 — Период 8	8. Эпоха Весов	Цикл 9 — Период 2	1. Эпоха Тельца

Послесловие

Надеюсь, вы получили удовольствие от прочитанного. Помните - не верить даже этой книге, а исследовать и создавать свою собственную истину. Примите выводы этой книги как дополнительное мнение, потому что никогда не будет лишь одной правды, позволяющей вам сделать выбор.

Жизненный круг не имеет ни начала, ни конца.
Ничто не может быть убито, все циклично и бесконечно.
Поэтому, невозможно умереть, вы бесконечны и выбираете двигаться по кругу между состояниями накопления, между Духом души и жизнью в материальном теле.
Вы Дух, воплощенный во временном теле материи, чтобы засвидетельствовать о своей природе и тем самым засвидетельствовать о природе Бога.

Добро пожаловать на сайт www.Gali4u.com
Прочтите дополнительные книги на сайте www.e-vrit.co.il или на сайте Amazon на иврите, английском и русском языках.

- Книга первая - «Божественное Творение», книга вторая - «Эпоха Водолея».
- Для заказа телефонной консультации на иврите или английском языке: www.Gali4u.com
- Слушайте мое частотное пение на YouTube канале: *Gali Lucy*

www.ingramcontent.com/pod-product-compliance
Lightning Source LLC
Chambersburg PA
CBHW061149120626
46546CB00005B/1985